PAPST FRANZISKUS

Ich trage euch in meinem Herzen

Meine Antworten auf die Fragen der Armen dieser Welt

PAPST FRANZISKUS

Ich trage euch in meinem Herzen

Meine Antworten auf die Fragen der Armen dieser Welt

Interviews koordiniert von
Sibylle de Malet, Pierre Durieux und Loïc Luisetto

Aus dem Französischen übersetzt von
Eva-Maria Nietzke

BONIFATIUS

Bibliografische Information der Deutschen Nationalbibliothek:
Die Deutsche Nationalbibliothek verzeichnet diese Publikation in der Deutschen Nationalbibliografie; detaillierte bibliografische Daten sind im Internet über http://dnb.d-nb.de abrufbar.

Klimaneutrale Produktion.
Gedruckt auf umweltfreundlichem, chlorfrei gebleichtem Papier.

FSC www.fsc.org MIX Papier aus verantwortungsvollen Quellen FSC® C083411

Klimaneutraler Druck firstclimate 2022

Die französische Originalausgabe erschien im Verlag Éditions du Seuil unter dem Titel „Des pauvres au pape, du pape au monde. Dialogue“ von Papst Franziskus und der Association Lazare. Published by arrangement with Éditions du Seuil.
Interviews koordiniert von Sibylle de Malet, Pierre Durieux und Loïc Luisetto.

Umschlaggestaltung: Weiss Werkstatt München, werkstattmuenchen.com
Umschlagabbildungen: © Vatican Media
Satz: Melanie Schmidt, Bonifatius GmbH, Paderborn
Übersetzung Eva-Maria Nietzke
Druck und Bindung: CPI books GmbH, Leck
Printed in Germany

ISBN 978-3-89710-928-5

Weitere Informationen zum Verlag:
www.bonifatius-verlag.de

Inhalt

Gewidmet

Jean-Claude Nervet,
Christine Eydaleine,
Antoine Rowe,
Thierry Gicquel,
Patrick Pinault,
Djamila,
Henry,

unseren Mitstreitern,
die uns viel zu früh verlassen haben,
die wir so sehr geliebt haben
und die so gern an diesem
außergewöhnlichen Gespräch
teilgenommen hätten

Vorwort

Eine seltene Perle

In Ihren Händen halten Sie ein außergewöhnliches Buch: Gespräche zwischen dem Papst und den Armen dieser Welt. Bereits zu Beginn seines Pontifikats sprach Papst Franziskus über seinen Traum von einer „armen Kirche für die Armen". Der Papstname Franziskus – daran erinnert er im Buch –, wurde von ihm ausgesucht als andauernde Mahnung, „die Armen nicht zu vergessen". Und zweifellos ist der beste Weg, das Herz dieses Mannes kennenzulernen – in das Innerste seiner Worte und Taten vorzudringen –, ihm zuzuhören, wie er mit den Ärmsten der Armen spricht – ja, *mit* ihnen und nicht *über* sie.

Diejenigen, die Papst Franziskus bereits kennen und lieben, werden hier im Buch eine Bestätigung dafür finden, dass er tatsächlich „der Papst der Armen" ist. Und gleichzeitig kann es all denjenigen, die ihn nicht kennen oder die ihm eher kritisch gegenüberstehen, einen Zugang eröffnen und für sie erhellend sein.

Seine Originalität verdankt das Buch auch den von Armut betroffenen Fragestellenden selbst: Ihre Lebensgeschichten, ihr erlittenes Leid sowie die Demütigungen, die ihnen widerfahren sind, erlauben ihnen, in ungenierter Freiheit zu sprechen. So finden sich auf den folgenden Seiten lauter Fragen, die bislang niemand dem Papst zu stellen wagte: Fragen nach seinem Gehalt, seinen Liebesgeschichten, seinen Fehlern, Zweifeln und Ängsten, seinem Beichtvater, seiner Gesundheit u. v. a. Die teils spürbare Betroffenheit wie Ratlosigkeit seiner Gesprächspartner angesichts der eigenen Lebenssituation wurde weder geschönt noch gemildert und verdeutlicht vielmehr die Authentizität des Dialogs.

Vor Beginn der Gespräche stellten wir dem Papst einen „Buzzer" zur Verfügung. Mit ihm hätte er uns gegebenenfalls signalisieren können, eine Frage überspringen zu wollen. Doch Stunde um Stunde verging, ohne dass der Buzzer einmal betätigt wurde. Und wir gewannen den Eindruck, dass Papst Franziskus die vorherrschende Atmosphäre der Offenheit und Ehrlichkeit sehr genoss. Vielleicht, weil er sonst selten von ihr umgeben ist, denn während einer kurzen Pause ließ er uns wissen: „Für gewöhnlich legt sich niemand mit dem Papst an."

Papst Franziskus ist bekannt für seine Unkompliziertheit und Transparenz. Wir bekamen das Vorrecht, diese bezeugen zu können. Er wies nicht eine Frage zurück. Ja, er korrigierte nicht einmal eine seiner Antworten. Lediglich ergänzte er sie, wenn er unserer Bitte nachkam, einige Punkte zu präzisieren.

Hin und wieder antwortete er aber auch bloß mit einem „Ja" oder „Nein", ohne dies weiter zu erklären. Andererseits ließ er sich gelegentlich auch recht lange, stets aber verständlich und aufschlussreich über ein Thema aus. Dabei gewährte er es, unterbrochen zu werden, und war auch bereit, abzuschweifen, wenn man ihn darum bat, das Gesagte zu vertiefen. Insofern sind alle in diesem Buch aufgeschriebenen Gespräche ein einzigartiges Zeugnis; sie sind echt und inspirierend.

Vom Lockdown zum weltweiten Dialog

Die ganze Sache begann im Frühjahr 2020, als das Coronavirus anfing zu grassieren und es in Europa zu den ersten Lockdowns kam. Wir hatten vor, nach Rom zu reisen, um dort das zehnjährige Bestehen der Vereinigung *Association Lazare* zu feiern, die solidarische Wohngemeinschaften betreibt zwischen Obdachlosen und jungen berufstätigen Menschen. Doch die Pandemiesituation schien dieses Vorhaben zum Scheitern zu verurteilen.

Papst Franziskus hielt indessen stets an unserem Treffen fest. Zu keinem Zeitpunkt wollte er den Termin streichen. Und sagt der Papst nicht ab, dann tut man das auch nicht. Allerdings konnten wir nun nicht mehr, so wie ursprünglich geplant, mit rund zweihundert Personen anreisen. Also schlugen wir Papst Franziskus ein persönliches Treffen mit einigen wenigen Obdachlosen vor, begleitet von einer Videokonferenz, damit alle anderen auch etwas davon hatten.

Gegen Ende dieser ersten Begegnung, die am Freitag, den 29. Mai 2020 um 12:40 Uhr stattfand und im wahrsten Sinne des Wortes außergewöhnlich war, kamen wir zu der Überzeugung, dass der Austausch hier noch nicht zu Ende sein konnte. Christian, der zwischenzeitlich Hunger bekommen hatte, schlug vor, das Gespräch beim Mittagessen fortzusetzen. Zwar konnte das so spontan nicht realisiert werden, doch allein Christians Vorschlag spiegelt wider, wie unkompliziert die Atmosphäre unseres Austauschs war. So schlugen wir Papst Franziskus vor, das Gespräch ein anderes Mal fortzuführen und es für die Armen der ganzen Welt zu öffnen – mit dem Ziel, es am Ende in einem Buch zu veröffentlichen. Er nahm diesen Vorschlag an.

Wir baten den Nachfolger Petri also um einen neuen Termin und fühlten uns zugleich ermutigt durch die folgenden Worte aus seiner Enzyklika *Fratelli tutti*:

„Es bedarf der körperlichen Gesten, des Mienenspiels, der Momente des Schweigens, der Körpersprache und sogar des Geruchs, der zitternden Hände, des Errötens und des Schwitzens, denn all dies redet und gehört zur menschlichen Kommunikation. (...) Die digitale Vernetzung genügt nicht, um Brücken zu bauen; sie ist nicht in der Lage, die Menschheit zu vereinen."[a]

So machten wir uns daran, Fragen von armen Menschen aus der ganzen Welt zu sammeln. Dabei wurden wir unterstützt von befreundeten karitativen Vereinigungen auf fünf Kontinenten. Innerhalb weniger Wochen erhielten wir mehr als tausend Fragen von Kindern aus den Elendsvierteln Brasiliens, von Frauen aus dem indischen Flachland, von jungen Menschen aus der iranischen Wüste, von amerikanischen Obdachlosen, von Prostituierten aus Asien, von madagassischen Familien … und einige anonymisiert, da diese Menschen als Christen fürchten, in ihrem Land verfolgt zu werden. All diese Fragen mussten gelesen, übersetzt, ausgewählt und geordnet werden.

Im nächsten Schritt luden wir einige arme Menschen ein, uns zu begleiten, dem Papst die Fragen zu stellen: Christian, Ricardo, Philippe, Manoli, Diana, Jesùs, Charlotte, Orelio, Alain – ihnen gilt unser aufrichtiger Dank. Denn in Rom gaben sie stellvertretend all denen eine Stimme, deren Stimme sonst nie gehört wird. Sie führten alle Gespräche spontan, frei und sehr persönlich.

Auf den Seiten dieses Buches finden sich also Fragen von armen Menschen aus allen Teilen der Welt. Vorgetragen von unseren Freunden, die selbst in großer Not leben und stellenweise im Gespräch nachhakten, auf Gesagtes zurückkamen oder auch mal widersprachen. Letztlich ist es dem Lockdown zu verdanken, dass auf diese Art und Weise das Projekt so zustande kam.

Wir sind Bettler

So seltsam es auch klingen mag: Ohne auch nur ein einziges Mal von seinen Sekretären oder vom Telefon gestört zu werden, widmete sich der Papst mehrere Stunden lang aufmerksam den Gesprächen. Sein Blick und seine Worte vermittelten uns das Gefühl, bedeutend und ganz besonders zu sein. Franziskus, der als Papst eine die gesamte Welt umfassende Verantwortung trägt, war für uns so nah und greifbar wie ein Großvater für seine Enkel. Und so lernten wir als erste Lektion aus unseren Begegnungen: „Du hast keine Zeit. Der Papst hat Zeit."

Häufig berichten Medien negativ über die Verwaltung des Vatikans, und es stimmt, Papst Franziskus selbst hat sie nicht immer verschont. An dieser Stelle möchten wir jedoch erwähnen, dass die Personen, die uns im *Domus Sanctae Marthae* empfangen und versorgt haben, sehr großes Taktgefühl bewiesen haben: Wi-Fi, Verlängerungskabel, Wassergläser, die Mahlzeiten, Zimmer, der Kaffee … alles lief wie am Schnürchen. Es war so, als ob man uns schon lange erwartet hätte, als ob wir wichtige Persönlichkeiten wären – wir, die Ärmsten der Armen! !

Einer der Sekretäre des Papstes lud uns sogar ein, das Treffen schlicht zu halten. Er sagte: „Er ist euer Papst, er liebt das Einfache! Seid ganz natürlich!" Dies war die zweite Lektion aus unseren Begegnungen: Es sind Taten, die Worten ihre Bedeutung verleihen.

Der Papst hat uns auf eine Art und Weise empfangen, die wir uns nie hätten vorstellen können, die aber genau dem entspricht, wozu er uns alle angesichts unserer Brüder und Schwestern in der Welt auffordert. Wir möchten ihm an dieser Stelle erneut für sein Vertrauen und die einzigartige Chance danken, die er uns geboten hat!

Wir waren wie Bettler, und doch war er es, der sich bei uns bedankt hat. Er hat entschieden, auf das Lizenzhonorar für das Buch zu verzichten und den Erlös den Einrichtungen zukommen zu lassen, die uns dabei geholfen haben, die Fragen der Armen dieser Welt zu sammeln.

Wir sind mit so vielen Fragen in unseren Köpfen zu ihm gekommen, er hat sie mit seinem Herzen beantwortet. Jedes Mal, wenn wir die Gespräche noch einmal lesen, fühlen sich einige von uns zutiefst erinnert an die Worte aus dem Lukasevangelium, die zwei verwirrte Reisende auf dem Weg nach Emmaus wechselten:

„Und sie sagten zueinander: ‚Brannte nicht unser Herz in uns, als er unterwegs mit uns redete und uns den Sinn der Schriften eröffnete?'" (Lukas 24,32).

In Ihren Händen halten Sie ein außergewöhnliches Buch: Gespräche zwischen dem Papst und den Armen dieser Welt. Doch zwischen den Zeilen wird Ihnen viel mehr begegnen als einige arme Menschen und der Papst …

Sibylle de Malet
Christian Delouche
Pierre Durieux
Loïc Luisetto

1.
„Der Papst ist ein ganz normaler Mensch“

Bartosz aus Krakowez, Ukraine

Was macht der Papst als Erstes nach dem Aufstehen?

Er wird allmählich wach, denn gleich nach dem Aufwachen, in der ersten halben Stunde, ist er wie ein Zombie! Dann folgt das Gebet. Kurz darauf an manchen Tagen die Messe. An einigen anderen findet sie später statt. Normalerweise beginnt sie um 4:45 Uhr in der Frühe, nur wenn die Messe im Petersdom gehalten wird, fängt sie etwas später an.

Kelly Caroline aus Salvador de Bahia, Brasilien

Wie sieht bei Ihnen ein typischer Tagesablauf aus?

Nun, ich muss wohl zunächst klarstellen, dass kein Tag im Leben eines Papstes ein „normaler" Tag ist. Immer wieder gibt es Überraschungen, auf die ich mich einzustellen habe. Aber natürlich existiert ein gewisses Schema, das ungefähr so aussieht: Ich stehe auf, bete, erledige einige Dinge und gegen 9:30 Uhr mache ich mich vom *Domus Sanctae Marthae* („Haus der heiligen Martha") auf den Weg zum Apostolischen Palast, wo sich meine Büros befinden, um mit den Audienzen zu beginnen.[1]

Gegen 13 Uhr komme ich zurück, esse zu Mittag und ruhe mich ein wenig aus. Den Nachmittag verbringe ich meist mit dem Unterzeichnen von Papieren und weiteren Audienzen, außerdem bete ich ein wenig. Dann esse ich zu Abend.

---

1 Papst Franziskus entschied sich nach seiner Wahl im April 2013, nicht wie seine Vorgänger in den Apostolischen Palast (Vatikanpalast) zu ziehen. Er wohnt im Vatikanischen Gästehaus, dem *Domus Sanctae Marthae*, wo sich sein Appartement befindet. Mit dieser Entscheidung (und anderen) wollte er mit der bisherigen Tradition brechen, was nicht ohne Widerhall blieb. Im Laufe der in diesem Buch wiedergegebenen Gespräche gibt er mehrere Beispiele dafür (Anm. d. Übers.).

Wenn ich mich im Vatikan aufhalte, folgt eine Aufgabe der nächsten. Aber alles geschieht mit Ruhe und Frieden. Manches ist wirklich spannend und macht mir viel Freude, vor allem wenn ich mich Menschen nah fühle und Anteil nehme an ihrem Leben. Das ist wundervoll.

Aber es gibt auch Tage, an denen ich außerhalb des Vatikans tätig bin. Gestern zum Beispiel musste ich zu einem Treffen mit Studenten und Dozenten der Päpstlichen Stiftung „*Scholas Occurentes*". An anderen Tagen besuche ich eine Pfarrgemeinde oder Diözese. Tatsächlich variieren die Aufgaben sehr, es fallen immer wieder andere Dinge an. Ich langweile mich jedenfalls nie. Man kann sich da einfach nicht langweilen. Unmöglich!

Wivine aus Brüssel, Belgien

Haben Sie ein Lieblingsbuch oder Lieblingsgedicht?

Ein Gedicht … Wissen Sie, ich habe da so eine melancholische Seite in mir, und wenn ich melancholisch bin, rezitiere ich gern ein Gedicht des französischen Poeten Verlaine: „*Lange Schluchzer der Geigen des Herbstes verletzen mein Herz mit einer gleichförmigen Lustlosigkeit …*"[b]

Ein Buch? – Ich weiß nicht so recht, ich mag eine Menge Bücher. Vor allem die der Klassik. Mein Lieblingstitel ist das Epos „*Aeneis*" von Vergil. Auch viele moderne Autoren habe ich gelesen. Die Klassik hat mich allerdings mehr geprägt.

Es gibt noch einen französischen Dichter, den ich sehr gern lese, nämlich Beaudelaire und seine „*Fleurs du mal*" („Die Blumen des Bösen"). Aber natürlich gibt es da noch viele weitere.

Chandni aus Kalkutta, Indien

Was verdienen Sie? Wie hoch ist Ihr Gehalt?

Ich verdiene nichts. Absolut nichts! Ich werde rundum versorgt, und wenn ich etwas brauche, frage ich danach. Man geht übrigens immer auf meine Bitten ein. Mit dem Papst legt man sich nun mal nicht an! Wenn ich beispielsweise Schuhe benötige, bitte ich einfach darum.

Wer so wie in meinem Fall versorgt wird, kann mit leeren Taschen leben, und das ist schön! Wer hingegen nicht auf eine solche Versorgung zurückgreifen kann, muss stets etwas in seiner Tasche besitzen – das ist eine Bedingung für die Wahrung seiner menschlichen Würde.

Meine Armut ist also eine fiktive, da es mir an nichts fehlt. Und doch ist das Ganze ein wenig absurd, da ich um Dinge bitten muss. Zwar brauche ich nicht um das, was ich benötige, zu betteln, doch ich habe die Bitte auszusprechen: „Ich brauche dieses Medikament oder die und die Sache." Das Fragen danach lässt mich weniger selbstbestimmt leben.

Christian

Wie ernähren Sie sich?

Bis vor drei Jahren habe ich fast alles gegessen. Momentan leide ich allerdings unter einer ernst zu nehmenden Darmerkrankung, einer Divertikulitis, weswegen ich nun vornehmlich gesottenen Reis und Kartoffeln, gegrillten Fisch oder Hähnchen esse. Sehr einfache und bekömmliche Gerichte.

Shalini aus Kalkutta, Indien

Wie viele Geschwister haben Sie?

Zu Hause waren wir fünf Kinder: drei Jungen und zwei Mädchen. Die drei in der Mitte Geborenen, zwei Jungen und ein Mädchen, sind verstorben. Ich bin der Älteste. Meine jüngste Schwester lebt noch. Sie wurde 1948 geboren. Ich erblickte 1936 das Licht der Welt.

Loïc

Haben Sie Neffen und Nichten?

Ich glaube, ich habe insgesamt sechzehn Neffen und Nichten. Ich sage, ich glaube, weil meine Brüder sehr produktiv waren! Der zweite hat zweimal geheiratet. Aus der ersten Ehe sind vier Kinder hervorgegangen, dann hat er sich scheiden lassen, hat erneut geheiratet und mit seiner zweiten Frau wieder vier Kinder gehabt. Insgesamt also acht.

Manoli

Haben Sie Kontakt mit Ihrer Familie? Sprechen Sie mit Ihren Angehörigen?

Ja, natürlich. Ich telefoniere oft mit meiner Schwester, der Einzigen, die noch lebt. Sie ist auch die Einzige, die miterlebt hat, wie ich Papst wurde.

Serge aus Nantes, Frankreich

Wie sieht Ihr Lieblingsmoment aus, den Sie wirklich genießen, wo Sie richtig entspannen?

Was mich wirklich entspannt, mich frei macht von allen Verpflichtungen und beruhigt, ist vor allem Musik. Ich höre sehr gern Wagner.

Loïc

Sie schauen keinen Fußball?

Nein. Ich ging früher gern ins Stadion, aber Fußballspiele im Radio oder im Fernsehen zu verfolgen, das interessiert mich nicht wirklich.

Armano aus Huechuraba, Chile

Verzeihen Sie, Vater, dass ich etwas indiskret frage: Hatten Sie mal eine Freundin? Waren Sie mal verlobt?

Aber ja, natürlich! Ehe ich ins Priesterseminar eintrat. Wir waren damals eine Gruppe junger Leute und sind jedes Wochenende miteinander ausgegangen zum Tanzen.

Agustin, aus Huechuraba, Chile

Heiliger Vater, haben Sie ein Lieblingsauto?

Ich kenne mich nicht sehr gut aus mit Autos. Aber ich mag das Auto, das ich habe: ein Nutzfahrzeug. Es ist das, was ich … benutze.

Loïc

Fahren Sie noch selbst Auto?

Nicht mehr. Ich hatte mal einen Unfall, bei dem mir Gott sei Dank nichts passiert ist. Ich bin damals zu einer Stadt gefahren, die 250 Kilometer und fünf Stunden Fahrtzeit von Buenos Aires entfernt liegt, um dort an einer Ordination teilzunehmen. Nach der Ordination sagte ich mir: „Ich werde nichts essen, sonst schlafe ich unterwegs ein." Ich fuhr also wieder zurück, und während der Fahrt begann es zu regnen. Mein Auto kam dann plötzlich ins Schleudern. Danach, damals war ich Anfang fünfzig, dachte ich nur: „Wenn jetzt meine Kfz-Steuermarke ausläuft, werde ich sie nicht mehr erneuern." Denn mir schien der Unfall ein Zeichen zu sein.

Christian

Was machen Sie dann mit den Autos, die man Ihnen schenkt?

Tatsächlich wurden mir bereits mehrere Autos geschenkt, einige davon für meine offiziellen Reisen. Letzten Endes habe ich sie verkauft. Viele Geschenke, die ich bekomme, verkaufe ich. Ich warte erst immer noch ein bisschen ab, ehe ich mich von ihnen trenne. Der Erlös geht dann an den Päpstlichen Wohltätigkeitsdienst, die Apostolische Almosenverwaltung, wo Aktionen organisiert werden zur Bekämpfung von Armut und Ausgrenzung.

Jessica aus Salvador de Bahía, Brasilien

Was bewundern Sie an anderen am meisten?

Einfachheit und Transparenz. Wenn sich Menschen so geben, wie sie sind, wenn sie einfach natürlich sind. So möchte ich gerne sein, denn ich muss manchmal sehr diplomatisch auftreten, was bedeutet, sich weder einfach noch natürlich geben zu können. Von daher ziehen mich das Schlichte und Einfache an. Wenn ich Menschen begegne, die sich natürlich und offen geben, fühle ich mich gut.

Loïc

Aber können Sie denn als Papst mit Menschen überhaupt einen unkomplizierten Umgang pflegen? Ist das nicht schwierig?

Mir hilft es da, dass ich im *Domus Sanctae Marthae* wohne. Zwei Tage nach meiner Wahl zum Papst habe ich mir die Wohnung meiner Vorgänger angesehen. Sie kam mir so groß vor! Sie ist nicht luxuriös, trotzdem aber sehr schön. Nur, ich fragte mich: „Hier soll ich ganz allein leben? – Nein." Der Eingang zu dieser Wohnung ist zwar eine Tür, aber von ihrer Rückseite betrachtet, verhält sie sich wie ein Filter. Und so bin ich lieber im *Domus Sanctae Marthae* geblieben. Das hilft mir, einen unkomplizierten Umgang mit den Menschen zu pflegen.

Sie selbst sind ein Beispiel für Einfachheit, so wie Sie sind.

Glaube das nicht, glaube das ja nicht! Die verborgenen Sünden sind von allen die schlimmsten.

John Carlo aus Kabatan, Philippinen

Haben Sie ein Lieblingsspiel?

Fußball! Aber ich spiele nicht. Selbst als ich noch jung war, musste ich immer ins Tor, da ich ein schlechter Spieler war. Man sagte mir, dass ich zwei linke Füße habe, deshalb stellte man mich ins Tor.

Ian aus Manila, Philippinen

Wie gehen Sie mit Unsicherheit um?

Ist man unsicher, ist man versucht, schnell das Ende eben dieser Situation herbeiführen zu wollen. Doch ich halte dann zunächst inne, zumindest versuche ich das. Denn es kommt tatsächlich vor, dass ich unsicher bin und das schnell überwinden möchte. Nur, wenn ich das probiere, geht das meistens schief. Daher bemühe ich mich, mir Zeit zu nehmen, um über die Dinge nachzudenken, mit anderen darüber zu reden, zu beten, einige Tage verstreichen zu lassen und dann weiterzusehen … Es braucht da einfach Zeit. Man tut beispielsweise gut daran, ein Dokument heute zu lesen und morgen noch einmal zu prüfen. Langsam und in aller Ruhe – so wie Hühner, die Eier ausbrüten. Sie kümmern sich um ihre Eier, indem sie sie jeden Tag wenden.

Wenn man bezüglich einer Entscheidung, die man zu treffen hat, unsicher ist, dann muss man die Dinge immer wieder von allen Seiten durchdenken, bis man schließlich zu einer Entscheidung findet.

Ein Armer des Programms „Paharganj Yummy" aus Delhi, Indien

Wer ist Ihr Vorbild? Und was schätzen Sie an dieser Person?

Nun, ich habe viele Vorbilder … Personen, die in dem, was sie denken, fühlen und tun, kohärent sind, also Personen, die tun, was sie sagen.

Ich ertrage nur schwer, was man „Diplomatie" nennt. Der Begriff stammt aus dem Griechischen von *diplo* oder *duplos* und bedeutet „doppelt". Und wer als Mensch ein diplomatisches Herz hat, besitzt in gewisser Weise ein geteiltes Herz. Ich meine damit nicht den Beruf des Diplomaten, das ist ein angesehener Beruf. Ich spreche vielmehr von Menschen, die ein doppelzüngiges, unaufrichtiges Verhalten an den Tag legen.

Marie aus Angers, Frankreich

Was sind Ihre Schwächen?

Ich bin ein Hitzkopf. – Wie soll ich das erklären? Ich bin ungeduldig. Ich antworte manchmal viel zu schnell. Und ich habe dann und wann gedacht, ich sei anderen überlegen. Auch habe ich manchmal nicht genug Geduld gehabt zu warten. All diese Schwächen haben etwas mit dem Gefühl von Unabhängigkeit und Selbstbestimmung zu tun. Dabei handelt es sich um eine sehr bittere, sehr hässliche Wurzel, die ich ständig im Auge behalten muss.

Pierre

Was tun sie, um dagegen anzugehen?

Ein bisschen Selbstbeherrschung, Askese und Gebet. Und ich hinterfrage mich regelmäßig selbst. Denn manchmal treffe ich Entscheidungen auf die Schnelle, begleitet von einem Gefühl der Unabhängigkeit, während es besser gewesen wäre, andere Menschen aufzusuchen und sie um Rat zu bitten.

Loïc

Sie sind das Oberhaupt der katholischen Kirche. Ist es nicht schwierig, sich so zu hinterfragen?

Der Papst ist ein armer Kerl … Nun, der Papst ist ein ganz normaler Mensch wie jeder andere. Aus dem Grunde lege ich die Mitra ab und bekenne: „Vor dir, Herr, bin ich ein einfacher Mensch." Danach setze ich sie wieder auf und sage, was ich zu sagen habe.

Alicia aus Salvador de Bahía, Brasilien

Bei wem legen Sie die Beichte ab?

Ich beichte Vater Manuel, einem Franziskaner. Er hat mich heute angerufen. Alle zwei Wochen meldet er sich bei mir und sagt: „Die zwei Wochen sind rum." Dann kommt er vorbei und ich lege meine Beichte ab. Er heißt Manuel Blanco, ist Spanier und der Superior einer der Franziskanergemeinden von Rom. Und wie alle Franziskaner ist er ziemlich nachsichtig. Man möge mir verzeihen! (*Lachen*)

Pierre

Ist er der Mensch, der den Papst am besten kennt?

Ich weiß nicht. Vielleicht …

Christian

Weinen Sie während der Beichte?

Nein …, nun … ich habe in meinem Leben dann und wann die Gabe der Tränen besessen. Heute muss ich aber bekennen, dass ich „trocken" bin und dass dies ein Fehler ist.

Die Gabe der Tränen ist tatsächlich eine Gabe, um die man bitten muss. Ich tue das zwar, aber zurzeit schenkt sie mir der Herr nicht. Weil ich sie vielleicht nicht verdiene … Es ist eine Gnade, beten und weinen zu können.

Auf meinem Schreibtisch habe ich ein Foto des Gemäldes *„Die Tränen des heiligen Petrus"*. Es zeigt die Tränen, die Petrus vergoss, nachdem er Jesus verleugnet hat. Dieses Bild erinnert mich an die Gnade der Tränen.

Es gibt ein sehr schönes Gebet, in dem es heißt: *„Du, der du aus dem Felsen, den Mose schlug, Wasser hervorquellen ließest, bitte schenke, dass aus meinem harten Herzen Tränen hervorquellen."*[c] Das ist ein wundervolles, liturgisches Gebet, das man während der Messe beten kann, um die Gabe der Tränen zu erbitten.

Emma aus La Grande Baie, Mauritius

Gibt es etwas, das man Ihnen sagte, was Sie sehr berührt und Ihr Leben geprägt hat?

Vieles hat mich berührt und geprägt. Zu ganz unterschiedlichen Zeiten. Vor allem die sehr menschlichen Dinge, die mit Großzügigkeit einhergingen …

Eine Sache, die ich bereits oft gesehen habe und die mich jedes Mal neu bewegt, ist die Schlange der wartenden Frauen vor einem Gefängnis, wenn sie ihre Söhne oder Männer besuchen möchten. Als ich einmal mit dem Bus an dem Gefängnis vorbeifuhr, standen die Frauen dort in der Schlange, und ich konnte ihre Treue erkennen. Für jedermann war es ja offensichtlich, dass sie die Mutter oder Ehefrau eines Häftlings waren. Doch als sie dort vor der Tür warteten, war ihnen das egal. Sie setzten sich über die Scham hinweg. Treue zählte für sie viel mehr. Dieses eindrückliche Bild hat mich zutiefst berührt und mir sehr weitergeholfen … wirklich sehr.

Ruth aus Chennai, Indien

Haben Sie einen Traum?

Ich bin ein Träumer. Wirklich! An manchen Tagen ertappe ich mich selbst dabei, wie ich träume und mir sage: „Das wäre so wundervoll! Wie schön wäre das …“
Träumen tut gut, glaube ich. Zu träumen und gleichzeitig mit beiden Beinen fest auf dem Boden zu stehen. – Ein Herz, das träumt, ohne die Bodenhaftung zu verlieren.

Und nachts, träumen Sie da auch?

Manchmal, aber nicht immer.

Erfüllen sich Ihre Träume hin und wieder?

Nein, nein. Wenn ich mal träume, dann geht es immer um Dinge aus der Vergangenheit, um alte Geschichten. Meine Familie, meine Freunde …

2.
„Vergesst die Armen nicht!“

Peterson Feliz aus Salvador de Bahía, Brasilien

Warum haben Sie sich den Namen Franziskus ausgesucht?

Man hat mich am 13. März 2013 zum Papst gewählt. Bis mittags konnte ich mir überhaupt nicht vorstellen, gewählt zu werden. Doch während des Mittagessens waren da einige ungewöhnliche Anzeichen, die mir das Gefühl gaben, dass ernsthaft an mich gedacht wurde.

Zwar hatte ich in den ersten Wahlgängen einige Stimmen erhalten, aber am Anfang gibt eben jeder dem einen oder anderen seine Stimme, bevor sich die Wahl weiter präzisiert und sich eine Mehrheit für den neuen Papst entscheidet. Ich habe jedenfalls nichts davon gemerkt, doch im letzten Moment ahnte ich etwas. Es gab zwei weitere Wahlgänge, und schon nach dem ersten war es so gut wie sicher, doch es fehlten noch ein paar Stimmen. Aus dem letzten Wahlgang ging ich dann als Papst hervor.

Ich betete zu dem Zeitpunkt meinen Rosenkranz und bat um Klarheit, wobei ich tiefen Frieden empfand. Neben mir saß Kardinal Hummes, ein brasilianischer Franziskaner. Als ich gewählt wurde, umarmte er mich und sagte: „Vergesst die Armen nicht!" Ich habe dann zu mir selbst gesagt: „Die Armen, die Armen …" In diesem Moment kam mir der Name von Franziskus, *il Poverello*, in den Sinn.

Rita aus Kansas, USA

Wenn Jesus mich erwählt hat – und ich weiß, dass er das getan hat, um ein Zeuge seiner Auferstehung zu sein –, warum hat er Sie dann erwählt?

Ich weiß es nicht ... Das ist so, als ob man das Eselsfüllen, das Jesus auf seinem Rücken nach Jerusalem trug, fragen würde: „Warum hat er gerade dich ausgesucht, um nach Jerusalem zu reiten?“ Solche Dinge bleiben ein Mysterium. Ich habe weder eine Wahlkampagne betrieben noch jemanden dafür bezahlt. Ich besitze auch keine besonderen akademischen Titel. Ich bin außerdem alt – kurzum, ein wirklicher Esel!

Felipe aus González Catán, Argentinien

Als Sie von Jesus den Ruf erhielten, Papst zu werden, was kam Ihnen da als Erstes in den Sinn?

Was genau ich in diesem Moment dachte, daran kann ich mich nicht mehr erinnern. In so einem Augenblick denkt man an gar nichts ...

Sibylle

Warum? Hatten Sie Angst oder waren Sie einfach nur ruhig?

Ich war ruhig, ich hatte keine Angst. Ich verspürte Frieden.

Waren Sie bewegt?

Insgeheim ja ...

Pierre

Und die Kardinäle, Ihre Kollegen? Was haben die in dem Moment getan?

Sie haben applaudiert. Nun hatten sie eine Sorge weniger.

Wie haben Sie Ihre Rede vom Balkon auf dem Petersplatz direkt nach der Wahl vorbereitet?

Die entstand ganz spontan. In dieser Situation hat man keine Zeit nachzudenken. Man bittet dich, einen Eid zu leisten, fragt dich nach deinem Namen, dann musst du die weiße Soutane überziehen, die Kardinäle grüßen und dich nach einem kurzen Moment des Gebets in der Paulinischen Kapelle[2] der wartenden Menschenmenge stellen. Nein, ich hatte keine Zeit zum Nachdenken darüber. Aber wenn ich predige, hilft es mir immer, mein Herz sprechen zu lassen.

Clotilde aus Nantes, Frankreich

Wen haben Sie nach der Bekanntgabe des Wahlergebnisses als Erstes kontaktiert?

Zuerst Benedikt XVI. Danach den Nuntius von Argentinien, damit er vor Ort die Menschen informiert, und anschließend die Bischöfe, damit sie sich nicht auf die Reise nach Rom machten, sondern das dafür vorgesehene Geld den Armen gaben. Das waren meine ersten Telefonate.

---

2 Die Paulinische Kapelle, neben der Sixtinischen Kapelle gelegen, ist für Touristen geschlossen und für die privaten Gebete des Papstes reserviert. Dies gilt insbesondere nach der Wahl zum Papst, bevor dieser die erste Segnung vom Balkon auf dem Petersplatz ausspricht.

Loïc

Haben die Bischöfe sich daran gehalten?

Nun ja, einige schon. Drei von ihnen sind trotzdem nach Rom gekommen, weil sie den Papst für wichtiger hielten als die Armen. Diese drei brauchen einen Sinneswandel!

Und was war mit Ihrer Familie?

Ich habe meine Schwester angerufen. Sie ist aber nicht angereist. Außerdem meine Neffen, von denen drei gekommen sind, und eine meiner Cousinen.

Was haben sie Ihnen gesagt?

Sie sagten, dass sie sich freuten. Ich konnte das verstehen, denn zuvor waren die Päpste immer europäischer Herkunft gewesen. Und nun war da ein Papst, der vom anderen Ende der Welt kam …

Nach der Wahl, während des Mittagessens hier im *Domus Sanctae Marthae*, wurde ich gebeten, einen Toast auszusprechen. Das tat ich. Ich sagte zu den Kardinälen: „Möge Gott euch verzeihen!“ – Das war natürlich bloß ein Scherz.

Marie-Odile aus Lyon, Frankreich

Warum sind Sie in Weiß gekleidet? Welche Bedeutung hat das für Sie?

In der Vergangenheit konnte jeder Papst die Farbe tragen, die ihm gefiel, bis Pius V., ein Dominikaner, beschloss, die Farbe seines Ordens für den Papst zu reservieren. Daher stammt die

Tradition der weißen Kleider. Ich trage allerdings keine roten Schuhe und auch keine weiße Hose. Auch dann nicht, als mir zwei Tage nach meiner Wahl gesagt wurde: „Heiliger Vater, Sie müssen weiße Hosen tragen!“ Ich antwortete darauf: „Ich bin doch kein Eisverkäufer!“

Christian

Heiliger Vater, symbolisiert die Farbe Weiß das Leiden Christi?

Nicht unbedingt. Der Grund für die Farbe ist der, den ich gerade genannt habe. Das hat rein geschichtliche Gründe, mehr ist da nicht.

Mary Joy aus Taguig City, Philippinen

Wie erklären Sie Menschen, dass sie Sie nicht anbeten sollen? Denn es gibt ja Leute, die Sie wie Gott verehren.

Wenn man beginnt, Loblieder auf mich zu singen, dann fühle ich mich unwohl, denn ich weiß, dass dies nicht die Wahrheit ist. Was für mich in Ordnung geht, ist die Nähe zu und mit den Menschen, doch sie sollen mich nicht zu einer Art Gottheit machen oder mich anbeten.

Nähe – zu diesem Thema möchte ich etwas ergänzen: Ich habe mich oft gefragt, welchen Umgang Gott da pflegt. Schaue ich in die Heilige Schrift, dann erkenne ich bei ihm folgenden Stil: Nähe, Barmherzigkeit, zärtliche Liebe. So ist Gott.

Christian

Und wie sieht Ihr Stil aus?

Ich versuche das ja …, aber für mich ist das wesentlich schwieriger!

Daniel aus Salvador de Bahía, Brasilien

Papst Franziskus, ist es sehr schwer, die Kirche zu leiten?

Nun, zunächst gibt es da eine Art besondere Gnade: Ich glaube an die Existenz des Heiligen Geistes und an seine Gegenwart im Volk Gottes, im Volk der Getauften: Sie alle sind Kinder Gottes, von Jesus auserwählt und mit dem Heiligen Geist gesalbt. Ja, ich glaube an das heilige Volk Gottes. Ein Bischof gehört zu diesem Volk genauso wie ein Kardinal und ein einfacher Getaufter. Wir alle sind das heilige Volk Gottes.

Und dann ist da noch etwas anderes, was die Kirche lehrt und mir ein großer Trost ist. Die Kirche drückt es so aus: Das heilige Volk Gottes ist in seiner Gesamtheit unfehlbar – *in credendo*. Mit anderen Worten: Es kann sich nicht auf seinem Weg der Nachfolge verirren. Die Salbung mit dem Heiligen Geist ist vergleichbar mit dem Geruchssinn von Schafen, dank dem sie immer gute Weiden finden.

Was die Hirten der Kirche angeht, so denke ich, sollten sie nicht immer am gleichen Platz verweilen. Manchmal ist es erforderlich, dass der Hirte seiner Herde vorangeht, um ihr den Weg zu weisen, manchmal muss er mitten in der Herde unterwegs sein, um ein besseres Gespür für seine Schafe zu bekommen, und manchmal muss er hinter der Herde hergehen, um sich um diejenigen Schafe zu kümmern, die zurückbleiben, und um die Herde mal allein zu lassen und besser beobachten zu können, wie sie gute Weiden findet mit ihrer Spürnase des Glaubens.

Loïc

Und was sagen Sie denen, die zwar bekennen, an Gott zu glauben, nicht aber an die Kirche?

Das kommt sehr oft vor, und leider haben wir das einigen Priestern und Bischöfen zu verdanken. Selbst der Papst ist manchmal ein schlechter Zeuge seines Glaubens und entfremdet die Menschen der Kirche. Wenn das geschieht, existiert keine Nähe mehr, weil es an Barmherzigkeit fehlt. Wir alle sind Sünder, und das Verschulden des Sünders ist das Fehlen von Nähe, Barmherzigkeit und zärtlicher Liebe.

Ich werde euch von etwas erzählen, das ein Priester vor einigen Monaten erlebt hat. Er zelebrierte die Beerdigung einer Frau, deren Sohn ein wohlhabender Unternehmer war. Nach der Beerdigung kam dieser auf den Priester zu und fragte ihn: „Wie viel schulde ich Ihnen?" Der Priester antwortete nicht. Der Mann wiederholte seine Frage, doch der Priester schwieg weiterhin. Dann öffnete der Mann sein Portemonnaie, holte einen großen Schein heraus und sagte: „Ah, ich weiß jetzt, was ich sagen soll: ‚Hier, nehmen Sie das für Ihre Armen.'" Da brach der Priester sein Schweigen und sagte: „Ich danke Ihnen, aber bitte tun Sie mir einen Gefallen. Ich habe heute sehr viel zu tun. Suchen Sie selbst einen armen Menschen auf, und geben Sie ihm das Geld." Der Unternehmer war sehr erstaunt: „Das hat gesessen. Was für eine Lektion! Ich glaube, ich muss Sie noch einmal besuchen kommen."

Vermutlich hatte dieser Mann in der Vergangenheit schlechte Erfahrungen mit Priestern gemacht, die später bestärkt wurden durch eine atheistische Einstellung. Doch angesichts dieses Glaubenszeugnisses war er sprachlos.

Für Christen ist solch ein Glaubenszeugnis ein Schlüssel. Ohne dies kann Gottes Liebe nicht wirken.

Ihr seid hier ein lebendiges Beispiel dafür: Ihr seid einige „Verrückte", die herauszufinden versuchen, was der Papst denkt, wie er mit den Armen spricht usw. Und ich bin euch dankbar dafür, denn dieses Zeugnis spricht – wenn ich das so direkt sagen darf – für mich. Ihr habt Mut! Und das ist eine gute Sache.

Michael aus Lyon, Frankreich

Welche Zukunft hat die Kirche?

Die Kirche muss in der Gegenwart leben, getragen von der Vergangenheit, von der Tradition. In der Gegenwart zu leben bedeutet, zu wachsen und die christliche Tradition voranzubringen. Manche Menschen sehen in der Tradition ein Museum. Doch sie schenkt Sicherheit für die Zukunft und ist nicht eine Sicherung vergangener Dinge. Ohne Tradition gibt es keine Zukunft für die Kirche, denn ihr Lebenssaft fließt aus ihren Wurzeln. Jemand hat mal gesagt: „Tradition ist der lebendige Glaube der Toten; Traditionalismus ist der tote Glaube der Lebendigen."[d]

Die Wahrheiten der Kirche verändern sich nicht mit der Geschichte, sondern sie reifen vielmehr. Heute wird zum Beispiel die Todesstrafe als unmoralisch angesehen, während man vor zwei Jahrhunderten eifrig Köpfe rollen ließ, nicht wahr? Man ging damals sogar so weit, zu behaupten, dass das zur Ehre Gottes geschah! Und heute wird der Besitz von Atomwaffen als unmoralisch betrachtet, während noch vor fünfzig Jahren davon keine Rede war, da man kein umfassendes Wissen darüber hatte. Wie ihr seht, wir wachsen und reifen stetig weiter.

Im fünften Jahrhundert gab es im Süden Frankreichs einen Mönch, der hinsichtlich der Tradition der Kirche schrieb: „Die Tradition reift mit den Jahren, festigt sich mit der Zeit, und ihr Sinn bereichert sich mit dem Alter.“[e]

Und doch beruht sie auf der immer gleichen Wahrheit. Es liegt an uns, dieser Orientierung zu folgen. Die Zukunft der Kirche wird ein Wachstumsprozess ihrer Tradition sein.

Loïc

Werden Laien eine Rolle in dieser Zukunft spielen?

Ja.

Pierre

Wie wird nach Ihrer Meinung die Kirche in zwanzig oder fünfzig Jahren aussehen?

Das weiß ich nicht, und es steht mir nicht zu, ein Bild davon zu entwerfen. Sie wird der von heute in wesentlichen Dingen ähnlich sein, aber dennoch anders. Wie ich bereits sagte, die Tradition wird neue Entwicklungen durchmachen und neue Wege beschreiten. Doch die Kirche wird im Wesentlichen die gleiche bleiben.

Die Sünde des Traditionalismus besteht darin, das Wachsen und Reifen verhindern zu wollen, und die Sünde des Progressivismus besteht darin, die Kirche ohne Tradition, ohne Wurzel, reifen lassen zu wollen.

Peter aus Sydney, Australien

Papst zu sein bringt sicher viel Stress mit sich. Wo finden Sie ein wenig Ruhe?

In der Pastoral erlebe ich eine Erholung, die – glaube ich – von oben kommt. Sie erlebe ich in den Aufgaben an sich. Natürlich ist es anstrengend, wenn ich eine Fragestellung durchdenken und studieren muss, doch dann sind da ja noch die pastoralen Gespräche, die Messfeiern, die Sakramente – all das ist für mich ein gewisser Ruhepol. Und das Gebet! Stellt euch vor, manchmal schlafe ich während des Betens ein. Ich schlafe vor dem Tabernakel ein … Gott versteht das.

Timothée aus Salvador de Bahía, Brasilien

Warum lieben Sie Menschen, die Sie nicht mögen, und wie machen Sie das?

Wer hat gesagt, dass ich Menschen, die mich nicht mögen, liebe? Eine meiner größten Herausforderungen ist es, nicht nachtragend zu sein. Ich finde das sehr schwierig. Denn ich muss darum beten, die Logik des „Wie du mir, so ich dir" abzulehnen. Und das fällt mir wirklich sehr schwer.

Françoise aus Angers, Frankreich

Wie wurden Sie berufen, Priester zu werden?

Das werde ich nie vergessen. Es geschah am 21. September 1953. In Argentinien ist der 21. September der Tag der Studenten, und ich bereitete mich auf ein Picknick mit meinen Freunden vor. Ich kam an der Kirche *San José de Flores* vorbei und ging hinein.

Ich war Katholik und ich studierte damals Chemie, um in der Medizin zu arbeiten. Ich betrat also die Kirche und sah dort einen Priester, den ich nicht kannte. Er nahm im Beichtstuhl Platz, und ich spürte den Drang zu beichten. Ich weiß nicht, was da genau passierte, und auch nicht, wie lange diese Beichte dauerte. Doch als ich wieder aufstand, ging ich nach Hause, und mir wurde schrittweise meine Berufung durch Gott bewusst. Zunächst aber lebte ich mein Leben ganz normal weiter: Schule, Freunde, morgens die Arbeit in einem Labor ... Doch drei Jahre später, 1956, trat ich ins Priesterseminar ein. Da war ich zwanzig Jahre alt.

Ich möchte noch von diesem Priester erzählen, den ich nicht kannte. Er kam aus der Provinz Corrientes und war zuvor Theaterschauspieler gewesen. Damals war er in Buenos Aires, um eine Leukämie behandeln zu lassen. Zehn Monate nach unserer Begegnung starb er.

Dieser Mann hat mir den Weg gewiesen und mir geholfen. Ich habe ihn nach jener Beichte am 21. September regelmäßig aufgesucht. Und nach seiner Beerdigung bin ich nach Hause gegangen und habe bitterlich geweint. Ich fühlte mich wie verloren, voller Furcht. Diese Tränen werde ich nie vergessen. Danach haben sich die Dinge langsam weiterentwickelt. Doch die Gewissheit über meine Berufung wurde an jenem 21. September 1953 geboren. Sie ist ein Geschenk.

Pierre

Nimmt Ihr Wahlspruch „miserando atque eligendo" darauf Bezug?

Ja, natürlich! Denn der 21. September ist der Tag des heiligen Matthäus. Im Brevier befindet sich ein Bezug zu Beda Venerabilis („Beda der Ehrwürdige"), der sich mit der Bekehrung des Matthäus befasst und erklärt hat, er sei *miserando atque eligendo* erwählt worden, das heißt: erbarmungswürdig und doch erwählt. Jesus hatte ihn barmherzig angesehen. Und ich empfinde das genauso für mich – dieselbe Barmherzigkeit begleitet mich, dem Herrn sei Dank.

Patricia aus Huechuraba, Chile

Papst Franziskus, gab es während dieser Zeit Momente, in denen Sie den Weg des Herrn aufgeben und in die Welt zurückkehren wollten?

Ja, allerdings. Während meines Studiums habe ich zwei sehr finstere Zeiten durchlebt. Ich zweifelte zwar nicht an meiner Berufung, aber ich fragte mich, ob ich es schaffen würde, sie in die Tat umzusetzen.

Einmal zweifelte ich wirklich sehr, weil ich gesundheitliche Probleme hatte. Das war am 13. August 1957. Ich musste wegen eines Lungenproblems notoperiert werden. Da stellte ich mir die Frage, ob ich die Kraft finden würde, meinen Weg fortzusetzen. Doch diese Momente des Zweifelns haben sich im Nachhinein als nützlich erwiesen, weil ich durch diese Erfahrung später anderen helfen konnte.

Ein Mitglied des Cénacle aus Ars sur Formans, Frankreich

Können Sie uns von einer Situation in Ihrem Leben erzählen, in der Ihnen eine besondere Gnade zuteilwurde, und einer anderen, in der Sie sich beinahe von Gott abgewandt hätten?

Nun, ich habe euch bereits von der ersten Situation, dem Moment besonderer Gnade, erzählt: Das war der 21. September 1953.

Was die zweite Frage betrifft: Ich habe nie den Glauben an Gott verloren, aber ich habe eine Zeit erlebt, in der ich mich fragte: „Wo ist Gott?" Das war eine sehr düstere Erfahrung. Alles schien sich zu verdunkeln. Ich glaube, das fing an, als ich nicht in Buenos Aires war, während meines „Exils" – der Studienzeit in Deutschland und meiner späteren Versetzung ins argentinische Cordoba. Das waren wirklich sehr schwierige Zeiten für mich. Ich befand mich nicht ständig in diesem dunklen Zustand, aber ich fühlte mich einfach nicht wohl in meiner Haut. Ich betete, überließ mich der Hand Gottes, bat ihn um Vergebung und habe mir helfen lassen.

Artin aus Teheran, Iran

Sie sind der Stellvertreter des Apostels Petrus auf Erden. Spüren Sie die Gegenwart Christi täglich? Wie erzählen Sie anderen davon?

Sehr oft ist Jesus wie abwesend – ich spüre ihn nicht. Doch in den schwierigsten Momenten ist er da! Dann spüre ich eine Art innere Sicherheit, die Gewissheit, dass er bei mir ist. Zum Beispiel in Momenten der Sünde; als Priester waren mir die bekannt. Und ich fragte mich: „Wie wird der Herr mir vergeben können?" Seine Hand war stets da. Daraus habe ich gelernt, dass niemandem die Vergebung verwehrt werden darf.

Wir haben immer Angst, mit der Sünde umzugehen. Lasst mich kurz zu diesem Thema etwas abschweifen. Wir sagen alle: „Ich bin ein Sünder." Aber wenn wir eine große Sünde begangen und uns tatsächlich als Sünder erwiesen haben, dann schämen wir uns. Doch genau in diesen Momenten müssen wir uns auf die Barmherzigkeit von Jesus verlassen und uns vom Herrn aufhelfen lassen. Diese Haltung hat mir sehr geholfen, mit den Momenten der Sünde umzugehen.

Pierre

Welche Lehren ziehen Sie aus dem Gleichnis vom armen Lazarus und dem Reichen?

In dem Gleichnis, in dem Jesus von Lazarus erzählt, hat – mal abgesehen vom Stammvater Abraham – nur dieser einen Namen. Die anderen Personen werden namentlich nicht erwähnt: der Reiche, die Menschen, die zum Festmahl gingen, denen es an nichts fehlte …, selbst der Hund ist namenlos. Nur Lazarus wird mit seinem Namen genannt.

Für mich steht Lazarus für die Opfergabe. Die Opfergabe der Menschheit – des Besten, was sie zu bieten hat – angesichts ihrer Grenzen. Und eine dieser Grenzen ist die Verachtung, die Armut, die Ausgrenzung. Daher steht Lazarus für mich für die Fähigkeit einer Person, trotz allem einen Namen zu erhalten. Und ich frage mich: Wo ist dieser Lazarus in mir, der, den ich in mir trage, der echte?

Es geht um die Suche des eigenen Namens inmitten der eigenen Beschränkungen. Und das Sonderbare ist: Selbst wenn wir an Grenzen kommen, am Rande stehen, sind wir in der Lage, den wahren Namen zu finden, den wir haben. All das bedeutet Lazarus für mich.

Eugène aus Port-au-Prince, Haiti

Was ist als Papst Ihr größter Wunsch?

Spontan würde ich antworten: ein guter Priester zu sein. Allerdings habe ich mir diese Frage nie zuvor gestellt, insofern kommt meine Antwort aus dem Herzen.

3.
„Der Wohlstand gehört ihnen nicht“

Dolly aus Ainotura, Libanon

Heiliger Vater, wie definieren Sie Armut? Wer sind die Armen für Sie?

Die Armen sind all die Menschen, die am Rand der Gesellschaft leben, die wir geschaffen haben. All diejenigen, denen es an Zuwendung fehlt und die sich nicht zugehörig, sondern ausgeschlossen fühlen. Diejenigen, die von ihrer Familie in eine Einrichtung abgeschoben wurden, weil man sie als Belastung empfunden hat oder weil sie alt oder mittellos sind. Kurz gesagt: Arm sind diejenigen, die von der Gesellschaft auf die eine oder andere Weise ausgegrenzt wurden und von Zuwendung abgeschottet sind.

Wie ich Armut definiere? Eine Definition dafür abzugeben, ist zu abstrakt. Denn jemand, den ich als arm betrachte, dem werde ich begegnen, ihn sehen und wissen: Er ist arm. Aber Armut lässt sich zweifellos als ganz genereller Mangelzustand definieren: ein Mangel an materiellen Gütern, an Zuneigung, an Eingliederung, an Respekt … Und dienen die Armen nicht vielfach auch als Sündenböcke dafür?

Ricardo

Glauben Sie nicht, dass der, der am meisten besitzt, zugleich der Ärmste von allen ist?

Davon bin ich schon überzeugt, denn wer am meisten hat, ist auch am stärksten auf das fokussiert, was er besitzt. Nichtsdestotrotz gibt es Menschen, die viel Geld besitzen und sehr gut damit umgehen, indem sie es anderen zugutekommen lassen. Vermutlich verhalten sich nicht viele Reiche so, aber es gibt sie. Auch gibt es Personen, die arm sind, weil sie mit ihrem Geld bewusst umgehen, es nicht verprassen, sondern sich selbst gewissermaßen als Verwalter einer „Wohltätigkeitsbank" verstehen. Dennoch, es verhält sich offenkundig so, dass jemand, der viel Geld besitzt und dieses für sich behält, zwar nicht materiell arm, aber in anderer Hinsicht „arm" dran ist.

Vor einigen Jahren lebte in Buenos Aires der Präsident einer großen Vereinigung einflussreicher Bankinstitute und Industrieller. Dieser Mann war sehr vermögend. Als er davon erfuhr, dass er schwer an Krebs erkrankt sei und ihm nur noch wenig Zeit bleibe, bereitete er sich auf seinen Tod vor. Eine Woche nach der Diagnose wurde ihm eine große Summe an Dividenden – von denen er bereits in Hülle und Fülle besaß – ausgezahlt, und er kaufte sich eine Villa in der Schweiz. Einfach nur, um sie zu besitzen. Ist das nicht furchtbar traurig – das Leben so enden zu lassen?

Ein anderes Beispiel: Einer meiner Verwandten war reich und sehr, sehr geizig. Ja, man kann auch reich werden, ohne ein großes Vermögen zu besitzen, indem man das ganze Geld für sich behält und sich gierig daran klammert. (*Der Papst macht eine entsprechende Geste mit den Händen.*) Dieser Mann war so geizig, dass er seiner Mutter nur einen Joghurt für morgens und abends zu essen gab. Er war verheiratet, verheiratet, und seine Mutter lebte bei den beiden. Stellt euch das bloß vor! Es gab noch eine andere Frau, die sich um die Mutter kümmerte, und trotzdem gab es morgens und abends nur einen halben Joghurt!

Ich war mit diesem Mann verwandt, aber als er starb, bin ich nicht zu seiner Totenwache gegangen. Ich konnte es einfach nicht. Am nächsten Tag telefonierte ich mit einer Cousine und fragte sie: „Bist du zur Totenwache gegangen?" Sie bejahte meine Frage und fing an zu erzählen, ich zitiere:

„Im letzten Moment gab es Komplikationen. Man konnte den Sarg nicht schließen!“ Ich fragte: „Wirklich? Warum?“ Und sie sagte: „Weil er alles mit sich nehmen wollte!“

Was für eine Ironie, nicht wahr? Das letzte Hemd hat keine Taschen … Ich jedenfalls habe noch nie gesehen, dass ein Umzugswagen einem Leichenzug gefolgt wäre.

Langer Rede kurzer Sinn: Es gibt Reiche, die wirklich armselig sind. Und andererseits gibt es wohlhabende Menschen, die sich dessen bewusst sind, dass ihr Reichtum nicht ihnen gehört, sondern dass sie lediglich Finanzverwalter Gottes sind. So nenne ich sie, denn Gott gestattet es ihnen, Vermögen zu verwalten. Übrigens: Man könnte sich ja mal die Frage stellen, was Geld eigentlich ist. Einer der frühen Kirchenväter sagte, Geld sei „der Kot des Teufels“. Verzeihung, ich schweife ab …

Marie aus Paris, Frankreich

Welche Aufgaben sehen Sie für uns arme Menschen? Was können wir tun?

Ihr könnt so vieles tun … hier auf dieser Welt. Dass es einmal eine Welt geben wird, in der es Arme nicht mehr geben wird, ist wahr, und zwar im Himmel. Dort werden wir alle an Gottes Reichtum Anteil haben. Doch die irdische Welt ist ein Ort des Kampfes zwischen Reichtum und Armut, zwischen Gerechtigkeit und Ungerechtigkeit. Man muss dafür kämpfen, dass die materielle Armut aufhört, dass Gerechtigkeit herrscht, dass alle Menschen Arbeit und Brot sowie Zugang zu Bildung haben. Man muss dafür kämpfen …

Doch in dieser Welt voller Ungerechtigkeit, Arroganz und Diktaturen – darunter die spezielle Diktatur der Ausgrenzung und der Segregation, die überall verbreitet ist – wird es immer Arme geben. Ihr werdet immer die Armen um euch haben – da ist der Ort der Begegnung mit Jesus. Jesus ist bei den Armen, er ist unter ihnen. Nicht, weil sie arm sind und im Elend leben, sondern weil er selbst beschlossen hat, arm zu sein und sich mitten unter den Ausgegrenzten zu bewegen – mitten unter denen, die nicht zählen, die am Rande leben. Auf diese Weise hat er uns den Weg Gottes gezeigt. Einen Weg, der nicht aus Ausgrenzung oder Segregation hervorgeht, sondern der mit ausgestreckten Händen einhergeht, die sich erheben, die sich kümmern, die den Gefallenen ihre Würde zurückgeben. Man kann nicht dem Herrn begegnen und die anderen außen vor lassen, insbesondere nicht diejenigen, die am stärksten benachteiligt sind. Jesus steckt im Armen, und der Arme befindet sich im Mittelpunkt des Evangeliums.

Ich weiß nicht mehr, wer es war, aber von jemandem stammt folgender Ausspruch: „Die Armen sind der wahre Schatz der Kirche."[3] Der Reichtum der Kirche, der Reichtum der Gesellschaft sind all diejenigen, die uns auf die Ewigkeit hinweisen; all diejenigen, die uns durch ihren Mangel auf unseren Mangel aufmerksam machen, den wir mit äußerem Wohlergehen und materiellem Wohlstand zu verbergen versuchen. Das alles fällt mir ein, während ich mit euch rede. Über all das kann gern diskutiert werden. Ich sage euch nur, was ich persönlich glaube.

3 Dieser Satz wird häufig von Papst Franziskus zitiert und geht vermutlich auf das 3. Jahrhundert nach Christus zurück, auf den Diakon Laurentius von Rom, der unter der Herrschaft von Kaiser Diokletian als Märtyrer starb.

Wenn man mit armen Menschen zusammenlebt und ihnen sagt: „Ich brauche dich", dann erkennt man, wie sie wieder nach vorne schauen. Wie kann man ihnen diese Botschaft vermitteln? Wie kann die Welt das tun?

Alles hängt davon ab, wie viel Raum man für das Gespräch zur Verfügung hat. Doch selbst durch einen Blick oder eine liebevolle Geste kann man etwas vermitteln. Menschen, die bei mir die Beichte ablegen, stelle ich die Frage, ob sie Geld den Armen gegeben haben. Wer mir mit Nein antwortet, dem vermittele ich etwas mit meinem Blick. Und wer meine Frage bejaht, den frage ich, ob er dem Armen dabei in die Augen gesehen hat. Die Menschen verstehen nicht, was ich damit meine. Dabei ist die erste Handlung, um einer Person ihre Bedeutung und Würde zurückzugeben, der Blick in ihre Augen. Anschließend frage ich, ob die Person, die dem Armen Geld gegeben hat, dessen Hand berührt und sie nicht zu schnell zurückgezogen hat. (*Der Papst macht eine entsprechende Geste.*) Kurz gesagt: Ich frage danach, ob die Menschen ihre Liebe zum Armen durch ihren Blick und ihre Geste ausgedrückt haben. Beides ist so wichtig.

Auch Fragen wie „Wie geht es dir?", „Brauchst du noch etwas?", „Wie kann ich dir helfen?" sind von großer Bedeutung. Sie sind, glaube ich, sogar wichtiger, als Zuneigung in Worten wie „Du bist mir wichtig" auszudrücken, denn das wird ein Armer kaum glauben. Gibt man hingegen dem Bedürftigen durch Gesten zu verstehen, dass er eine Person ist, die einem wichtig ist – dann wird er spüren, dass er ernst genommen wird.

Es kostet Mut, einem armen Menschen in die Augen zu sehen, denn in diesem Blick spiegelt sich auch unser Versäumnis wider. Und es erfordert Mut, die Hand eines Armen zu berühren und ihm dadurch zu sagen, dass diese Begegnung für uns selbst ein Segen ist. Solcher Mut fehlt oft.

Paulina aus Bogota, Kolumbien

Heiliger Vater, was empfinden Sie, wenn Sie in Stadtviertel gehen, wo lauter Arme leben? Und was in den schönen Vierteln?

Ich bemühe mich, in der Kirche wie auch bei der Begrüßung von Gläubigen stets derselbe zu sein. Doch tatsächlich fühle ich mich seit jeher in den Armen- und Elendsvierteln am wohlsten, weil der mitmenschliche Kontakt dort am direktesten ist. Alles ist dort einfacher, weniger mondän. Oft habe ich es auch erlebt, dass es in bestimmten Pfarrgemeinden Menschen gibt, die nicht mittellos sind, aber die sehr einfach leben, weil sie gläubige Christen sind. Ich fühle mich dort am wohlsten, wo die Menschen authentisch sind und sich umeinander kümmern. Dort, wo ich aber eine gewisse Heuchelei spüre, geht es mir, wie schon gesagt, überhaupt nicht gut.

Noch viel wohler – vom ersten Kontakt an – fühle ich mich bei den Armen, sofern sie nicht gefangen sind in einer Ideologie. Wir müssen sorgfältig darauf achten, dass unsere Predigten sie nicht in eine solche Situation treiben. Denn es ist sehr schlimm, Armut zu einem ideologischen Argument zu machen. In den Vierteln, in denen Menschen in sehr bescheidenen Verhältnissen leben, finden sich ganze Familien, die mit Würde ihre Armut ertragen. Ihre Armut zu instrumentalisieren, sie für einen ideologischen Standpunkt oder Diskurs zu benutzen, ist eine andere Art, die Würde von armen Menschen mit Füßen zu treten.

Christian

Verstehen die Reichen die Armen? Haben sie überhaupt eine Vorstellung davon, was es bedeutet, arm zu sein?

Wenn der Reiche ein armes Herz hat, dann ja. (*Lachen*) Denn man kann Geld haben und es mit dem Herzen eines Armen verwalten, so wie ich es vorhin bereits beschrieben habe. Ist sein Herz hingegen nicht arm, kann er die Armen nicht verstehen …

Rodrigo aus Huechuraba, Chile

Papst Franziskus, wohin geht eigentlich das Geld des Vatikans?

Von diesem Geld werden Schulden bezahlt. Und Gott ist wirklich gut, richtig gut. Denn ist eine Gemeinde oder eine religiöse Einrichtung nicht arm – obwohl sie es sein sollte – und verwaltet ihr Geld schlecht, dann schickt er ihr in der Regel einen schlechten Wirtschafter, sodass es zu Katastrophen und schließlich zum Bankrott kommt. Das Geld des Vatikans – oder vielmehr das Geld, das der Vatikan haben sollte – ist für gute Werke und für Mittel zur Verkündigung des Evangeliums gedacht. Das geschieht auch mit einem Teil des Geldes. Doch derzeit kann man in den Zeitungen lesen, dass ein Prozess gegen dreizehn Personen des Vatikans bevorsteht, denen Betrug und finanzielle Delikte vorgeworfen werden.[4] Und es ist nicht das erste Mal, dass so etwas vorkommt.

4 Franziskus bezieht sich hier auf eine undurchsichtige Immobilien-Transaktion in London, die vom „*Istituto per le Opere di Religione*", kurz IOR („Institut für die religiösen Werke"), allgemein bekannt als die Vatikanbank, durchgeführt wurde und in die hohe Vertreter der Kurie verstrickt sind. Der Papst selbst prangerte diese Sache 2021 an.

Dass Männer der Kirche – Priester, Bischöfe, Kardinäle – in Luxuslimousinen durch die Gegend fahren, statt beispielhaft in Armut zu leben, tut mir weh. Sie geben ein extrem negatives Zeugnis ab. Und obschon viele Menschen im Vatikan – Kardinäle wie Bischöfe – arm sind, dominiert doch das Bild vom Prunk und Pomp. Der Vatikan braucht hier eine kontinuierliche Bekehrung, um sich nicht in den Fängen des Reichtums und der Macht zu verstricken.

Diana

Mir scheint, all das hat sich schon seit langer Zeit etabliert, und Sie haben eine sehr schwierige Situation geerbt.

Ich habe auch Sünden und bezahle meine eigenen Schulden.

Ja, das glaube ich, und das sehe ich ein.

Diese Kolumbianerin ist mutig! Mir gefällt, was sie da gerade gesagt hat. Aber sag mir, Diana: Hast du wirklich verstanden, wohin das Geld des Vatikans geht? In die Mission nach Afrika, es finanziert Krankenhäuser und Schulen. Das heißt, es stimmt: Der Vatikan ist nicht arm, auch wenn viele seiner Priester, Bischöfe und Kardinäle arm sind.

Ja, das habe ich verstanden. Was ich sagen will, ist Folgendes: Wir leben in einer Zeit, in der das Geld zu einem Gott geworden ist. Daher scheint mir Ihre Rolle so schwierig zu sein.

Jesús

Das war schon immer so! Geld ist ein mächtiger Fürst, der im Plan Gottes seinen Platz einnimmt. Das Böse gibt es. Gott ist überall, und das Böse ist nur ein Teil, aber es existiert. Und Geld ist ein Teil dieser Geschichte.

Sr. aus Teheran, Iran

Ich war ein Sünder, in Drogen und Süchte verstrickt und hatte jeglichen Lebenssinn verloren. Mein Glaube an Jesus hat mir geholfen, da rauszukommen. Doch ich bin schwach und manchmal laufe ich Gefahr, wieder zu fallen. Ich bin allein, habe keine Möglichkeit, in die Kirche zu gehen oder mit einem Priester zu sprechen. Bitte betet für mich, damit ich Kraft finde, meinen Glauben zu stärken und nicht der Versuchung nachzugeben. Danke, ich bin froh, dass ich das sagen konnte, das tut mir gut.

Es ist interessant, dass Sie gesagt haben, Sie seien allein. Ich verstehe sehr gut, warum Sie das gesagt haben: Sie haben weder einen Priester noch eine Ordensschwester, geschweige denn einen Katholiken oder sonst einen Christen an Ihrer Seite – das sollte nicht so sein. Einsamkeit ist keine Armut, sondern eine Misere, und zwar eine der schlimmsten und zugleich verborgensten Nöte.

Wir dürfen die Menschen nicht aus dem Blick verlieren, die auf sich allein gestellt sind und keine Möglichkeit sehen, selbst ihre Schwierigkeiten zu lösen und Versuchungen zu überwinden. Sie besitzen kein soziales Netzwerk. Genau daran arbeite ich: dass sich Beziehungsnetze öffnen für jedermann, damit man dem Ersticken in der Einsamkeit entgeht.

Sibylle

Viele Menschen, die in großer Armut leben und sehr große Schwierigkeiten durchmachen, wollten keine Fragen schicken, sondern baten nur darum, dass Sie für sie beten. Was möchten Sie diesen Menschen mitgeben?

Ich möchte darauf keine törichte Antwort geben, sondern werde versuchen, sie aus meinem Glauben heraus zu beantworten. Ich verstehe, dass jemand, der arm ist und vor großen Problemen steht, nicht mehr die Bereitschaft aufbringt, eine Frage zu formulieren. Doch derjenige sollte sich darum bemühen, Gottes sanfte Berührung erleben zu wollen, denn gerade in solchen Zeiten ist sie zu spüren. Wenn du dich nach ihr ausstreckst, wirst du sie erleben. Doch ich komme der Bitte auch gerne nach: Ja, ich bete für euch!

Alain aus Nantes, Frankreich

Heiliger Vater, wie soll man mit Armut umgehen? Wie lässt sie sich mitten in einer Konsumgesellschaft leben?

Auf diese Frage gibt es keine allgemeingültige Antwort. Armut in einer ungerechten Gesellschaft ist nicht nur ein individuelles Problem. Das Gesellschaftsmodell muss sich ändern, damit die Armut überwunden werden kann. Doch wo Armut existiert, muss ihr zugleich individuell begegnet werden. In der Umsetzung erfordert das eine Menge Kreativität. Schließlich lässt sich die Hilfe, die man einer Person zukommen lässt, die mit Armut konfrontiert ist, nicht abkoppeln von unserem Beitrag, soziale Ungerechtigkeit zu überwinden. Auch nicht vom Kampf gegen die Schamlosigkeit oder Gleichgültigkeit, mit der Reichtum zur Schau gestellt wird.

Es ist wichtig, dass es Einrichtungen wie Menschen mit dem Willen gibt, kontinuierlich auf die zuzugehen, die sich am Rande sozialer Existenz befinden. Das Bild, das ihr vermittelt – ein armer Mensch inmitten einer Konsumgesellschaft –, beschreibt treffend diese existenzielle Peripherie. Wir müssen uns dieser Person nähern. Für Reiche ist das weitaus schwieriger. Diese Botschaft vermittelt sich besser von arm zu arm, weil sich hier die Erfahrungen ähneln.

So war es auch bei den ersten Aposteln, als sie in ihrer geistlichen Armut Jesus begegneten. Voller Begeisterung sind sie zu ihren Freunden gelaufen, um ihnen zu sagen: „Wir haben den Messias getroffen!" Sie waren nicht länger allein.

Was die Menschen betrifft, die in dieser Welt der Eitelkeiten leben, als sei es die ewige Welt: Ich glaube, das sind sehr unglückliche Menschen.

Ricardo

Könnten wir in unserer Gesellschaft den Konsum abschaffen, dann gäbe es keine Armut mehr.

Der Teufel würde dann etwas anderes erfinden …

Pierre

Heiliger Vater, wir haben „Fratelli tutti" mit großem Interesse gelesen. Wir würden gern erfahren, woher das Konzept der sozialen Freundschaft stammt und wie Sie dies definieren.

Soziale Freundschaft bedeutet, die eigene Hand auf die Schulter seines Nächsten zu legen und mit ihm voranzugehen.

Mit anderen Worten: dem anderen Zuneigung zu schenken und so dazu beizutragen, dass man selbst wie der andere gesellschaftliche Strukturen verändert. Nicht, damit sich nur diese verändern, sondern auch, weil die Nähe zum anderen schlichtweg ein Motor für Veränderung ist. Nähe, Mitgefühl, zärtliche Liebe: Das sind die drei Wesensmerkmale Gottes. Ihnen begegnet man immer wieder … Die Bibel berichtet von ihnen, ja, sie vermittelt uns diesen Stil Gottes, indem es heißt: „Jesus kam hinzu und ging mit ihnen …"

Denken wir beispielsweise an die Aussätzigen. Jesus war nur ein paar Meter von ihnen entfernt, er rief sie zu sich, heilte sie und schenkte ihnen Mitgefühl.

In den Evangelien gibt es eine Formulierung, die wir auch in Gebeten wiederholen: *„Jesus hatte Mitleid mit ihm."*

Die Gesellschaft in ihrer Gesamtheit bleibt auf Distanz: Sie berührt den Armen nicht, sie behandelt die Menschen ohne Liebe, gleichgültig. Jesus hingegen, Gott, macht genau das Gegenteil: Schon im Alten Testament kam er auf die Menschen zu und hatte Mitleid mit ihnen. Bereits bei Mose, als die Israeliten Sklaven waren und Gott ihre Befreiung vorbereitete, ist zu lesen: „Ich hatte Mitleid mit meinem Volk." Im Neuen Testament verkörpert Jesus diese mitfühlende Liebe Gottes. – Ein bloßes „konzeptionelles Christentum" ist kein Christentum.

R. aus Krakowez, Ukraine

Warum sagt man, Gott liebe uns mit einer einzigartigen Liebe?

Vielleicht klingt es ein wenig seltsam, es so auszudrücken, doch Gott kann nicht – wenn ich das so sagen darf – „nebenbei“ oder „im Gesamtpaket“ lieben. Die Liebe Gottes ist eine ganz persönliche Beziehung, vom Du zum Du, vom Vater zum Kind, ganz individuell und persönlich. Das scheint verrückt zu sein, völlig abwegig, doch es ist so! Für unseren Glauben ist es eine Art Skandal, dass Gott auf mich wartet, dass er mich begleitet. Doch Jesus hat dieses Bild von Gott verkörpert: Das Bild eines Gottes, der hofft, liebt und unsere Nähe sucht. Wie ich bereits sagte, sind dies die Wesensmerkmale Gottes: Nähe, Barmherzigkeit und zärtliche Liebe. Wir begegnen ihnen in allen Worten Jesu – nicht nur im Gleichnis vom verlorenen Sohn, sondern wirklich überall. Selbst Jesus benutzt kein anderes Wort als das Wort „Vater“, um sich an Gott zu wenden, manchmal mit der noch liebevolleren Anrede „Lieber Vater“.

Dass Gott mich persönlich liebt, ist eine Realität, die ich nicht allein mit meinem Verstand begreifen kann. Diese Realität will gelebt und erfahren werden. Sie ist auch eine Frage der Offenbarung, vor allem aber eine Sache der Erfahrung. Ich würde es so ausdrücken: Gott liebt uns nicht unpersönlich und redet uns mit unserem Familiennamen an, sondern per Du. Und er liebt uns nicht aufgrund unserer moralischen Tugenden, sondern so, wie wir sind – als Sünder! Die Evangelien sind voller Berichte, die das bezeugen. Gott liebt selbst diejenigen, die sich für vollkommen halten. Er wartet auf sie und er berührt sie, um zu sehen, wie sie darauf reagieren. Gott liebt jeden und wartet voller Hoffnung. Er gibt niemanden auf, nicht einmal Judas.

Jesús

Warum fällt es uns Menschen so schwer, liebevoll zu sein, und warum ist das seit jeher so?

Theologen würden antworten, das liegt an der Erbsünde. Wir haben einfach einen grundlegenden Fehler: unseren Egoismus. Mithilfe des Heiligen Geistes, der in uns wohnt, bemühen wir uns zwar darum, diesen Fehler zu heilen, aber wir haben alle diese Tendenz zum Bösen in uns. Wäre es anders, würde ich morgen die ganze Welt heiligsprechen. (*Lacht*)

John aus Kansas City, USA

Als ich 35 war, wurde ich von meiner Alkoholsucht geheilt und habe seitdem das Vorrecht, dem Vater zu dienen. Ich bin nicht ohne Obdach, denn die Welt ist mein Zuhause. Was kann ich für Sie, Papst Franziskus, tun?

Du fragst mich, was du für mich tun kannst? – Das ist das Zeugnis eines heiligen Herzens, eines geheilten Herzens.

Was ihr tun könnt? – Die Wunder Gottes verkünden. Das hat Jesus dem Besessenen von Gerasa gesagt, der ihm nach seiner Heilung wie ein Jünger folgen wollte: *„Geh nach Hause und berichte deiner Familie alles, was der Herr für dich getan und wie er Erbarmen mit dir gehabt hat!“*[8] Jeder von uns ist dazu aufgerufen, Zeugnis zu geben.

Christian

Das tue ich, denn ich habe vor zwanzig Jahren dem Alkohol abgeschworen. Ich hatte eine Krise nach der anderen. Ich zitterte, ich fing immer wieder an, hörte auf, begann von Neuem …

Aber eines Tages, es war am Neujahrsmorgen, habe ich einfach beschlossen, mit dem Trinken aufzuhören. Das war der Plan des Herrn. Ich habe aufgehört zu trinken und seitdem keinen Tropfen mehr angerührt. Ich habe gar keine Lust mehr darauf. Ich bin geheilt, dem Herrn sei Dank. Das war nicht vorherzusehen. Wenn ich Menschen, die mit dem Alkohol aufhören wollen, ein Zeugnis sein kann, dann werde ich ihnen sagen: Ich will nie wieder damit anfangen.

Das Erste, was du tun musst, ist dieses Zeugnis zu geben: „Ich war darin gefangen und ich habe Befreiung erlebt." Und als nächstes musst du Gott dafür loben.

Ja, ich weiß, es ist eine Gnade, zu beten, um Vergebung zu bitten und zu beichten. Das alles ist nur Gnade.

„Manchmal muss man die Demut haben, an die Tür zu klopfen."

Audienz bei Papst Franziskus im *Domus Sanctae Marthae*, dem Gästehaus der Vatikanstadt.

Ein Gespräch vor Ort in Rom und
ein Gespräch per Video bis ans andere Ende der Welt.

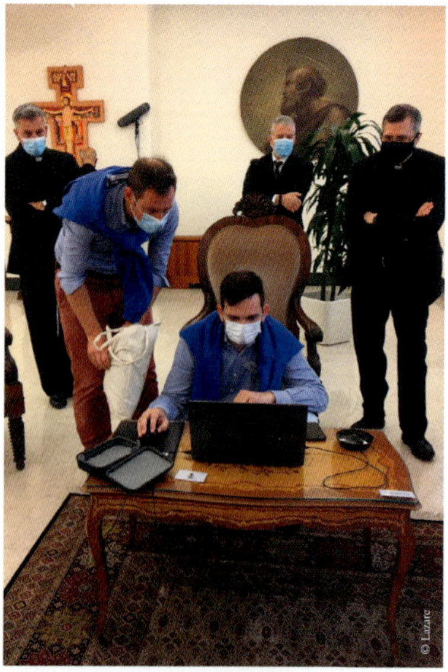

© Angelique Provost

„Die erste Handlung, einer Person ihre Bedeutung und Würde zurückzugeben, ist, ihr in die Augen zu sehen."

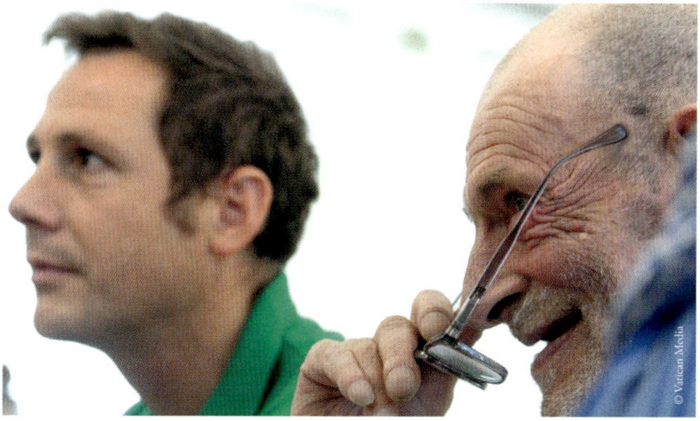

© Vatican Media

© Vatican Media

„Der Reichtum, den ihr besitzt,
befindet sich nicht auf einer Bank.
Euer Reichtum besteht darin,
klein zu sein – macht weiter so!“

© Lazare

4.

„Die Ungerechtigkeit schreit zum Himmel“

Maité aus Barcelona, Spanien

Wie können Sie zulassen, was in der Welt passiert? Ich bin schockiert, wenn ich an den Reichtum der Kirche und an den Wert des Papstrings denke. Man sagt, aus dem Verkaufserlös könnte man ein ganzes afrikanisches Land ernähren.

Zunächst muss ich klarstellen: Der „Reichtum der Kirche" ist der Reichtum des Vatikanstaates und des Petersdoms. Der Vatikan lässt sich nicht in kleinen Teilen verkaufen, um so Geldmittel daraus zu beziehen. Der Reichtum der Kirche besteht auch aus Kunstschätzen, wie man sie zum Beispiel in Kapellen findet, oder in wertvollen Objekten, die mancherorts in Pfarrgemeinden beheimatet sind. All diese Reichtümer gehören der Allgemeinheit, sie sind kein Privateigentum.

Doch daneben gibt es noch anderen Besitz, schlechten Reichtum, den Maité hier anhand des Papstringes anschaulich verdeutlicht. Dieser Ring ist der Ring meiner ersten Liebe, datiert auf den 27. Juni 1992.

Diana

Könnte man mit dem Wert dieses Rings tatsächlich ein afrikanisches Land ernähren? Das kann ich mir kaum vorstellen …

Nein, denn das ist nicht nur eine Frage des Geldes.

Jesús

Was ist denn an jenem 27. Juni passiert?

An diesem Tag wurde ich zum Bischof geweiht. Wenn ihr heiratet, steckt ihr euch einen Ehering an, der eure Liebe symbolisiert. Und ihr behaltet diesen Ring, weil ihr eurem Ehepartner treu bleibt. Nun, ich behalte meinen Ring ebenfalls. Ich möchte niemanden kränken, aber wer ständig seine Ringe wechselt, läuft Gefahr, sich lächerlich zu machen. Übrigens sollte ein Priester keinen Schmuck tragen. Schmuck ist für Gott und für seine Kinder bestimmt – also für die, die ihn wirklich brauchen. Anders gesagt: Ja, eigentlich müsste man den Papstring verkaufen, um von dem Erlös Menschen zu ernähren …

Ein Priester oder ein Bischof, der im Luxus lebt, verliert letztlich seine Glaubwürdigkeit, und von diesem Verlust erholt er sich nicht mehr. Wenn es dem priesterlichen Leben an Disziplin mangelt, dann verfällt man in solche Fehler. Wo eine solche Neigung vorherrscht, muss sie verändert, reformiert werden. Nur ist das schwierig, sehr schwierig, denn es gibt in der Kirche eine lange Tradition des Mondänen. Man hat dahingehend bereits Anstrengungen unternommen, die auch weiter fortgesetzt werden, allerdings ist man in der Kirche auch mit einer Tradition der Macht konfrontiert, die mit Luxus und Geld verbunden ist. Aber gleichermaßen etabliert sich unter den Dienern der Kirche auch mehr und mehr eine Haltung der Armut.

Die große Tugend, die ich mir für die gesamte Kirche wünsche, angefangen beim Papst, bei den Kardinälen, Bischöfen, Priestern, den Ordensbrüdern und -schwestern, ist die Armut.

Ein baskischer Heiliger, Ignatius von Loyola, sagte, die Armut sei für Geistliche wie eine Mutter und eine starke Mauer des geistlichen Lebens. – Warum verhält sich die Armut wie eine Mutter? Weil sie ein Leben in Heiligkeit wie auch ein apostolisches Leben hervorbringt: Großzügigkeit, die Hingabe an andere, ein Leben für andere und das Lob Gottes. Aus diesem Grund verhält es sich mit der Armut wie mit einer Mutter. Und sie gleicht einer Mauer, weil sie unser Leben vor dem Beherrscher der Welt, nämlich dem Reichtum, schützt.

Jeder, der einen reichen Geistlichen sieht, sollte für diesen beten und anschließend, wenn er die Möglichkeit dazu hat, mit ihm reden. So lautet meine Antwort auf die komplexe Frage, warum die Kirche reich ist.

Laure-Irène aus Abidjan, Elfenbeinküste

Papst Franziskus, muss also ein Priester arm sein?

Ja, meine Tochter, in der Tat. Als Jesus seine ersten Jünger berief, sagte er: „Verlasst alles und folgt mir nach!" Ein reicher Priester ist ein Widerspruch in sich, und das müssen wir auch predigen. Ein Priester ist dazu da, anderen zu dienen. Und wer sich für Geld interessiert, sollte einen anderen Beruf ergreifen!

Sibylle

In einigen Ländern werden Priester bezahlt, als sei es ein Beruf wie jeder andere. Was halten Sie davon?

Das Priesteramt ist ein Dienst für Gott und sollte nicht bezahlt werden. Wenn Menschen eine Messe oder eine andere Zeremonie feiern lassen möchten, dann fragen sie manchmal, wie viel das kosten wird. Ich würde darauf antworten: „Nichts. Und wenn Sie etwas geben möchten, dann tun Sie es einfach in den Opferstock." Auch falls jemand angesichts einer Taufe nach den Kosten fragt, wäre meine Antwort: „Es kostet nichts. Ihr könnt das, was ihr geben wollt, in den Opferstock legen.“ Anders gesagt: So entspricht der Dienst keinem Gehalt, sondern er bleibt im Rahmen eine Gabe, und zwar einer verborgenen, damit niemand weiß, wie viel ein anderer gibt.

Ich habe einmal Folgendes erlebt: Als ich Erzbischof war, bat mich ein Freund darum, die Hochzeit seiner Tochter zu zelebrieren. Da sie treue Katholiken waren, wollten sie eine richtige Hochzeitsmesse feiern. Auch sollte die Hochzeit in einer Kirche im Zentrum von Buenos Aires stattfinden, in der viele Paare heiraten, eben weil sie sich im Herzen der Stadt befindet. Die Brautleute sind also an diese Pfarrgemeinde herangetreten und haben ihre Wünsche geäußert. Sie erhielten als Antwort: „Nein, das ist nicht möglich. Die Kirche gibt vor, dass Hochzeiten im Rahmen einer gewöhnlichen Messe gefeiert werden.“ Warum? Weil die Eheschließung allein eine halbe Stunde dauere und man es sich nicht vorstellen könne, Eheschließung und Messe in nur dreißig Minuten zu feiern. Der Vater der Braut sagte daraufhin: „Aber meine Tochter wünscht sich diese Hochzeitsmesse so sehr! Ich zahle gern eine entsprechende Summe für zwei Messen.“ Und der Priester antwortete: „In dem Fall bin ich einverstanden.“ (*Lacht*)

Am Tag der Hochzeit bin ich dann zu dieser Kirche gefahren, um die jungen Leute zu vermählen, und der Priester rief verwundert aus: „Oh! Der Kardinal!“ Ich sagte: „Vater, ich bin gekommen, um die beiden Messen zu bezahlen, aber kommen Sie doch bitte nächste Woche zu meinem Bischofssitz.“ Nun, ich kann euch versichern, wie rot dieser Mann wurde …

Geld verleitet Priester zum Schlechten. Es gibt Priester, die beispielsweise als Lehrer arbeiten und dafür ein Gehalt beziehen. Andere sind Seelsorger in Krankenhäusern und erhalten einen Lohn dafür. Das ist alles nachvollziehbar, da sie eine offizielle Funktion ausüben. Übrigens auch die Geistlichen, die als Gefängnisseelsorger arbeiten. Doch sie sollten ihren Lohn nicht für sich behalten, sondern das Geld in Umlauf bringen. Ein geistlicher Dienst ist nicht bezahlbar. Mit diesem Missverständnis muss aufgeräumt werden. Das ist allerdings schwierig, weil dies von Land zu Land unterschiedlich gehandhabt wird, und es ist insgesamt sehr schlecht geregelt. Doch eins ist sicher: Nicht alle Priester besitzen die innere Freiheit, arm zu sein. Wer einen Lohn erhält, könnte durchaus sagen: „Ich bin arm, ich behalte nur das, was ich zum Leben brauche, und spende den Rest …" Doch leider bringt Geld eine starke Versuchung mit sich, derer sich der Teufel bedient, um den Priester zu Fall zu bringen.

Diana

Aber wenn ein Priester Geld verdient, dann kann er doch umso besser anderen helfen, oder?

Ja, möglicherweise … aber er sollte arm bleiben und nur der Verwalter dieses Geldes sein. Die entscheidende Frage ist: Was macht ein Priester mit dem Geld, das er verdient? An diesem Punkt lade ich zur Haltung der Armut ein. Ein Beispiel: Wenn ein Priester ein Auto für seine Arbeit braucht und sich dafür ein ganz einfaches Nutzfahrzeug zulegt, dann handelt es sich um einen Priester, der in seiner Haltung arm bleibt. Legt er sich stattdessen einen Mercedes zu, dann begeht er einen Fehler.

Mehrnaz aus London, Großbritannien

Heiliger Vater, Sie haben Einfluss in der Welt. Was tun Sie gegen die weltweit herrschende Ungerechtigkeit?

Ich spreche darüber und versuche, wie ich bereits gesagt habe, Zeugnis zu geben. Und ich versuche, im Rahmen des mir Möglichen als ein gerechter Mensch zu leben – ich präzisiere: Ich versuche es, denn die Ungerechtigkeit der Sünde ist immer gegenwärtig. Ich bemühe mich darum, ein Zeugnis der Armut zu sein. Ich lebe hier, im *Domus Sanctae Marthae*, in einem Raum, der groß genug ist, um mir als Büro zu dienen. Ich glaube, dass ich kleine Fortschritte mache, aber natürlich kann man immer noch mehr tun.

Wie man gegen die Ungerechtigkeit in der Welt ankämpfen kann? Mit Worten. Ich gebrauche manchmal sehr harte Worte, und ich wiederhole sie. Ich spreche sie aus, ich predige sie, ich sage Dinge, die nicht allen gefallen, und oft nimmt man mir das übel. Dann wird anschließend mit dem Finger auf die Widersprüche gezeigt. Zum Beispiel so: „Sie sagen das, aber der Reichtum des Vatikans gibt ein anderes Bild ab." Ich tue, was ich kann, und benutze dabei eine klare Sprache.

Einige behaupten wohl auch, ich sei ein Kommunist. Ich aber bekräftige einfach, dass das Evangelium in sich zusammenfällt, wenn man die Armen außer Acht lässt. Die Armen stehen im Mittelpunkt des Evangeliums. Wahrscheinlich würden manche ein Evangelium ohne die Armen bevorzugen, aber das wäre nicht mehr das Evangelium.

All das fällt mir ein auf die Frage, was ich gegen die Ungerechtigkeit tun kann. Viel geschieht auch durch meine Enzykliken, meine Ermahnungen. Meine letzte Enzyklika, *Fratelli tutti*, scheint mir diesbezüglich eine sehr deutliche Sprache zu sprechen.

Dolly aus Aintoura, Libanon

Warum ist die Kirche nicht mehr an der Seite der Schwachen, so wie Jesus es wollte?

Du sprichst hier von der Kirche als Institution, und zwar aus deiner Perspektive im Libanon. Ich weiß, was da passiert – das Geld stellt dort eine große Versuchung dar. Das ist hier übrigens genauso und an vielen anderen Orten der Welt ebenfalls.

Jesus wollte eine arme Kirche für die Armen. An vielen Orten ist dies nicht mehr der Fall, weil die Kirche leider stagniert und nach und nach wie gelähmt ist. Jeder, der zwei Jahre lang nicht mehr läuft, sich nicht bewegt, ist wie gelähmt. So geht es auch der Kirche, die gerade durch übermäßigen Reichtum daran gehindert wird, weiterzukommen.

Loïc

Wie kann erreicht werden, dass Katholiken die Worte der Enzyklika hören und an andere weitergeben?

Weißt du, wie das Ganze abläuft? Der Papst und seine diversen Schriften werden so interpretiert, dass das, was darin enthalten ist, ausgeschlossen wird. Ich denke da an einen bestimmten Fernsehsender, dessen Namen ich nicht nennen möchte. Dieser Sender findet alles, was ich sage, unhaltbar. Heutzutage können Medien eine Botschaft, die sie übermitteln sollten, deformieren, manipulieren und schließlich zerstören. Ich möchte euch ein Beispiel dafür geben: Als angekündigt wurde, dass ich die Enzyklika *Fratelli tutti* publizieren würde, brachte man unmittelbar daraufhin eine Kampagne auf den Weg: Dieser Papst gebraucht ständig nur die maskulinen Formen. Warum schreibt er nicht „*Fratelli e sorelli tutti*“?

In Wirklichkeit ist der Titel *Fratelli tutti* ein Zitat von Franz von Assisi, der seine Schrift damals mit ebendiesen Worten einleitete. Selbst in der Enzyklika wies ich gleich darauf hin und ergänzte ja: „‚*Fratelli tutti*' schrieb der heilige Franz von Assisi und wandte sich damit an alle Brüder und Schwestern …"

Ich ließ dann den Dingen ihren Lauf … Aber ihr seht daran, wie einige Medien zu allem bereit sind, eine Botschaft zu vernichten. Glücklicherweise hat das, was ich schreibe, Bestand, so wie ich es mir gewünscht habe.

Sibylle

Wenn der Böse aktiv ist, ist das doch ein gutes Zeichen! Das bedeutet, dass er etwas Gutes verhindern will, nicht wahr?

Das ist wahr! Aus diesem Grund tue ich eben das, was ich tue. Ich gebe Zeugnis und ich rede darüber. Wenn ich beispielsweise vom Petersplatz zum *Domus Sanctae Marthae* zurückkehre, bleibe ich bei den Kranken stehen, denn es ist wichtig, ihnen beizustehen. So gebe ich durch eine einfache Geste Zeugnis vom Evangelium. Und das ist möglich, obwohl ich auch sündig und egoistisch bin und eine solche Geste mir nicht immer leichtfällt.

Laurent aus Paris, Frankreich

Lieber Heiliger Vater, was habe ich getan, um so sehr leiden zu müssen?

Nun ja, diese Frage solltest du Jesus stellen, der noch viel mehr gelitten hat als du.

Sibylle

Der junge Mann, der Ihnen diese Frage gestellt hat, sollte eigentlich bereits am vorigen Treffen teilnehmen, aber er konnte nicht kommen. Nun stellt er seine Frage aus dem Gefängnis heraus. Wir sollten für ihn beten, denn er ist ein Freund für uns.

Lasst uns für ihn beten, aber noch einmal: Lasst uns die Frage nach dem Leid auch an Jesus richten, der mehr gelitten hat als wir. Gott ist uns so nahe gekommen und hat all unser Leid selbst durchlebt. Auch wenn dies nur ein unzureichender Trost zu sein scheint, so ist es doch eine Wahrheit: Mit dem Sohn Gottes habe ich im Leiden einen Gefährten an meiner Seite, der mir im Schmerz vorausgegangen ist. Ja, das ist er.

Warum er so sehr gelitten hat? Jesus Christus rief am Kreuz aus: „Warum hast du mich verlassen?" Und er sagte: „Bitte lass diesen Kelch des Leidens an mir vorübergehen …" Denkt immer an Jesus, denn er bereitet uns einen Weg.

Und was mich betrifft, ich denke auch an euch, ihr müsst doch fast verdurstet sein! (*Lacht*)

Jesús

Wir sind eher sprachlos. Zumindest geht es mir so, wenn ich Ihre Antworten höre.

Dabei habe ich die ganze Zeit das Gefühl, euch keine Antworten zu geben! (*Lachen*)

Priyanka aus Delhi, Indien

Ich vertraue den Leuten blind. Ich helfe wirklich jedem, aber wenn ich selbst Probleme habe, hilft mir niemand. Warum ist das so?

Das zeigt die Tragik des menschlichen Egoismus. Bei einer egoistischen Person dreht sich alles nur um „mein, mir, mich". Anders ausgedrückt: das genaue Gegenteil des christlichen Zeugnisses, bei dem es darum geht, den anderen von dem abzugeben, was man selbst hat. Ein Egoist bleibt da in sich selbst verschlossen. Das sind zwei menschliche Ebenen: Einerseits hilfst du jedem, du kümmerst dich um die anderen, du öffnest dich ihnen, und andererseits entdeckst du, dass andere sich hinter ihrem Ego verschanzen.

Natürlich ist es bequemer, sich nicht um andere zu kümmern … Das ist menschlicher Egoismus. Genauso wie: „Wer weiß, ob mich das nicht in Schwierigkeiten bringen wird, ich halte mich da lieber raus." Das ist eine typisch argentinische Einstellung, die mein Vater oft aus dem Bauch heraus gebrauchte, wenn er sagte: „Misch dich da nicht ein!" Jesus hingegen machte sich die Hände schmutzig.

Jesús

Man soll sich also einmischen?

Selbstverständlich – mit der nötigen Umsicht. Du kannst ja nicht einfach so in den Moncloa-Palast[5] hineinmarschieren und dort Dinge wegnehmen, die man den Armen geben könnte!

5 Sitz des spanischen Ministerpräsidenten in Madrid

Wenn ich sage, dass man sich umsichtig einmischen soll, heißt das jedoch nicht, dass man alles nur mit Handschuhen anfassen sollte … Umsicht zu haben ist einfach eine menschliche Tugend, vergleichbar mit der, wie ein Vater mit seinen Kindern oder ein Bruder mit seinen Geschwistern umgeht – also eine Umsicht, die lösungsorientiert und sinnvoll ist.

Loïc

Heiliger Vater, ich werde oft gefragt, warum man Menschen sieht, die auf der Straße leben. Die Gründe dafür sind unterschiedlich, aber alle Obdachlosen haben eins gemeinsam: Sie haben irgendwann auf ihrem Lebensweg einen Bruch mit der Familie erlebt. Es gibt Regierungen, die durch ihre Gesetze solche Trennungen verursachen. Wie ist es möglich, dass die Familie nicht mehr als der zentrale Lebensraum verstanden wird? Wie können wir dazu beitragen, dass die Rolle der Familie gewahrt bleibt?

Die Geschichte zeigt uns, dass das nichts Neues ist. In der Bibel lesen wir, dass Gott die Sintflut[6] hereinbrechen ließ, um die Menschheit zu zerstören, weil sie sich bereits unwiderruflich selbst zerstört hatte. Die Sintflut ist natürlich keine historische Tatsache, aber auch kein Märchen, sondern ein Mythos, der uns etwas über Menschenkenntnis vermitteln möchte und daher unsere Aufmerksamkeit erfordert.

Die Sintflut und die Erzählung vom Turmbau zu Babel bezeugen, dass Gott eingreifen musste, um das zu zerstören, was ich als falsche Harmonie bezeichnen würde. Im Text über die Sintflut heißt es, die Sünde habe sich überall breit-

---

6 Siehe Genesis 7,1–24

gemacht, und im Text über den Turmbau zu Babel liest man von der überragenden Arroganz der Menschen, die aus eigener Kraft den Himmel erreichen wollten.[7]

Auf der Baustelle des Turms konnte einen das ungeschickte Stapeln der Steine sehr teuer zu stehen kommen. Denn fiel ein Stein herunter, wurde derjenige, der dafür verantwortlich war, bestraft. Stürzte hingegen ein Arbeiter zu Boden, geschah nichts. Dieser Turmbau-Mythos macht deutlich, in welchem Maß Werte durcheinandergeraten waren. Das war bei der Sintflut genauso. Gott drückte es am Ende in etwa so aus: „Die Werte sind dermaßen durcheinandergeraten, dass es keine Rettung mehr gibt."

Wenn sich jemand auf der Straße wiederfindet, dann liegt das daran, dass die durcheinandergeratenen Werte seiner Familie oder seiner sozialen Bezugsgruppe ihm keine Zuflucht geboten haben. Und weil man ihn alleingelassen hat, als er durch Diebstahl, Alkohol, Drogen, Arbeitslosigkeit oder was auch immer aus der Spur geriet. Da zeigt sich erneut der menschliche Egoismus, diese zerstörerische Kraft, die der Sintflut vorausging.

Alexis aus Toulouse, Frankreich

Lieber Papst Franziskus, wie lässt es sich in Würde leben, wenn einen eine geistige Behinderung daran hindert, der Welt das zu geben, was man ihr geben möchte? Kann schwach und krank zu sein eine Berufung in sich tragen?

In deiner Frage habe ich zwei Begriffe gehört, die mich sehr berühren: der Begriff „Krankheit" – eine geistige Behinderung

---

7 Siehe Genesis 11,1–9

oder eine Krankheit, die einen daran hindert, das zu tun, was alle anderen tun können. Und zweitens der Begriff „Würde“. Die Würde ist eine Voraussetzung für das Leben, egal, ob man krank oder gesund ist. Du kannst gesund sein, sogar ein herausragender Sportler, superfit und vor Gesundheit strotzend – aber wenn du keine Würde hast, bist du nichts wert. Würde ist der Schlüssel zu einem guten Leben, unabhängig von der körperlichen Verfassung. Wenn ich abends bete und über das nachdenke, was am Tag passiert ist, stellte ich mir immer die Frage: „Habe ich den Tag würdig begangen? Mit Würde?“

Was bedeutet Würde eigentlich? Bedeutet es, sich elegant zu kleiden? Einen hohen sozialen Rang innezuhaben? Einen Hochschulabschluss zu besitzen? Viel Geld zu haben? Eine wichtige Position in der Politik einzunehmen? Ist das Würde? – Nein! Wer diese Dinge hat, verfügt vielleicht über eine gewisse Würde. Aber er ist damit nicht zwangsläufig würdevoll in dem, was er tut. Um es einfacher auszudrücken: Würde bedeutet, das Leben in einer bestimmten Weise vor Gott und den anderen zu führen. Es bedeutet, einen Sinn für die Wirklichkeit der Dinge zu haben, demütig zu sein und die Bedürfnisse der anderen wahrzunehmen. Würdevoll zu leben bedeutet, die Gabe auszuleben, die uns mitgegeben wurde. Und diese Gabe, dieses Geschenk, ist die Tatsache, ein Kind Gottes zu sein. Es geht darum, Reichtum oder Armut, ein langes oder ein kurzes Leben, Gesundheit oder Krankheit – was auch immer uns mitgegeben ist – als Kind Gottes zu leben, und zwar mit der inneren Kraft, die aus dem Bewusstsein erwächst, ein Kind Gottes zu sein. Das erfordert Demut.

Anstatt auf eure Frage zu antworten: „Wie kann man dieses oder jenes trotz Krankheit leben?“, möchte ich euch eine andere Perspektive vorschlagen: Wodurch erhält alles, was wir tun und leben, seinen Sinn? Die Antwort lautet: durch die Gabe der Würde.

Wenn ich abends auf den Tag zurückblicke und erkenne, wo ich mich schlecht verhalten habe, dann schäme ich mich. Und Scham ist eine Gnade, um die wir bitten sollten. In meinem Heimatland sagt man, eine Person, die völlig unbekümmert vor sich hin lebe, sei „schamlos". Die Gnade der Scham ist das, was Petrus am Gründonnerstag empfand, nachdem er Jesus dreimal verleugnet hatte und dessen Blick begegnet war. Im Evangelium steht geschrieben, dass er bitterlich weinte. Mangelnde Würde, Scham, bittere Tränen vergießen – all das ist eine Gnade Gottes.

Ein Armer des Programms Paharganj in Delhi, Indien

Wo können wir genug Kraft finden, wenn wir im Leben von Anfang an in eine schwierige Situation hineingestellt sind?

In jeder Lebenssituation gibt es einen Ort, von dem aus man aufbrechen kann, einen kleinen Weg, auf dem man einen ersten Schritt in eine gute Richtung unternehmen kann. Man muss nur danach suchen und sich fragen: Wie komme ich aus dem Labyrinth heraus?

Es gibt zwei Möglichkeiten: Wir folgen entweder dem Faden, den die Natur uns mitgab, als wir in das Labyrinth eintraten, oder wir springen obendrüber. Es geht also darum, den Ariadnefaden zu finden oder aber über Mauern zu springen. Aber man kann immer hinausfinden!

Ich möchte diesem Armen aus Delhi Folgendes mitgeben: Wenn ihm das Leben eine schlechte Ausgangssituation beschert hat, dann muss er einen Ausweg suchen oder aber Hilfe in Anspruch nehmen. Und ich fordere ihn auf: Lass dir helfen, bleib nicht wie gelähmt am Boden liegen, da, wo du bist. Natürlich ist so etwas nicht leicht, aber es ist eine Heilsbotschaft für alle – für alle, die noch ärmer und verlassener sind als er. Denn selbst der Ärmste und Verlassenste von allen muss einen Schritt tun. Denn mir ist bewusst, dass stets Mutlosigkeit droht, aber wir können eben da helfen, diesem Armen die Hand zu reichen, ihn zu ermutigen, einen Schritt zu tun, und ihn so lange begleiten, bis er diesen selbst unternimmt. Das ist unsere Pflicht! Es gibt so viele Menschen, die voller Dankbarkeit zurückblicken auf die Begegnung mit Menschen, die ihnen geholfen haben, den ersten Schritt zu tun!

Loïc

Sie fordern uns auf, diesen Schritt nicht stellvertretend zu tun, sondern Arme vielmehr dabei zu begleiten, damit sie ihn selbst unternehmen?

Ganz genau. Ansonsten gerät man in einen Paternalismus. Es wäre das Schlimmste überhaupt, den Schritt anstellte der anderen Person zu tun. Ihr einen Ausweg vorzugeben, wäre ein vergiftetes Geschenk. Das aufrichtige und gute Geschenk besteht vielmehr darin, dem anderen die Hand zu reichen, ihn zu begleiten und sich selbst im Hintergrund zu halten.

Christian

Ja, wie bei einem Baby, es beginnt zu laufen und schließlich rennt es!

Warum lässt Gott mich obdachlos?

Und warum lassen Sie Gott obdachlos? Gott braucht den Raum Ihres Herzens. Ihm geht es nicht darum, in Ihrem Leben Wunder zu tun – obwohl er die zuweilen tut –, sondern es geht ihm darum, dass jeder von uns eine Lösung für die Situation findet, in der er sich befindet. Gott behandelt uns wie Erwachsene, wie Persönlichkeiten. Er ist nicht paternalistisch.

Doch zurück zu Ihrer Frage: Warum lässt Gott mich obdachlos? Die Frage nach dem *Warum* wird so oft gestellt, und mit ihr umzugehen, ist immer schwierig. Warum erleiden das ausgerechnet die jungen Leute? Warum die Kinder? Wir wissen es nicht … Aber man kann Gott nicht fragen: „Warum kümmerst du dich um meinen Sohn, der noch ein Kind ist, aber nicht um mich?"

Es ist wichtig, Gott Fragen zu stellen, aber wir müssen sie gut stellen. Wenn Kinder groß werden, kommen sie in ein Alter, das man das „Warum-Alter" nennt. Ständig fragen sie: „Warum, Papa, warum?" Der Vater bemüht sich zu antworten, doch das Kind hört kaum hin und stellt schon die nächste Warum-Frage. Im Grunde geht es dem Kind auch gar nicht um den Inhalt der Antwort. Vielmehr will es angesichts eines Gefühls von Unsicherheit die Aufmerksamkeit seines Vaters auf sich ziehen.

Ich erinnere mich, als sei es gestern gewesen, wie ich zum ersten Mal von meinem Vater desillusioniert wurde. Ich war da fünf oder sechs Jahre alt. Mein Vater war mit mir ins Krankenhaus gegangen, um mich an den Mandeln operieren zu lassen. Damals lief das folgendermaßen ab: Der Arzt setzte einen hin und sorgte dafür, dass man sich nicht bewegen konnte, dann schob er einem etwas zwischen die Zähne, damit man den Mund aufbehielt, und schnapp ... schnitt er zu. Überall war Blut. Noch nicht mal Zeit zu schreien hatte man. Und dann brachte jemand Eiscreme vorbei, und schon vergaß man damit alles. Wirklich, so lief das damals.

Nachdem wir das Krankenhaus verlassen hatten, rief mein Vater ein Taxi, das uns nach Hause brachte. Als wir dort ankamen, bezahlte er den Fahrer. Ich war völlig verblüfft, aber ich konnte ja nicht sprechen, da mein Hals so wehtat und ich Eis essen musste, um den Schmerz zu stillen.

Zwei Tage später konnte ich allmählich wieder sprechen, und meine erste Frage an meinen Vater lautete: „Warum hast du den Taxifahrer bezahlt?" Mein Vater erklärte mir den Beruf eines Taxifahrers. Ich traute meinen Ohren nicht: „Wie? Das Auto gehörte dir nicht?" Ich hatte meinen Vater so idealisiert, dass er der Eigentümer sämtlicher Autos der Stadt war, und es war meine erste Enttäuschung, zu erfahren, dass das nicht stimmte. Damals waren wir wirklich sehr naiv! Heutzutage sind die Kinder viel aufgeweckter. Doch etwas zu idealisieren, bleibt eine wichtige Sache.

Unsere Warum-Fragen richten sich immer an den Vater, doch wir hören gar nicht auf seine Antwort. Man müsste ein Warum-Gebet erfinden. Vielleicht klingt es für euch ketzerisch, aber wenn die Leute sagen: „Manchmal bin ich wütend auf Gott und sage ihm das sehr deutlich", glaube ich, dass Gott das mag. Warum? Wütend zu sein auf Gott bedeutet nämlich, dass man ihm vertraut, dass man ihn wie einen Vater behandelt – und das ist letztlich eine Form des Gebets.

Camille aus Maesot, Thailand

Warum sind die Straßen, die in die Hauptstadt führen, die ganze Nacht lang erleuchtet, obwohl keine Autos unterwegs

sind, während unsere Kinder nicht einmal genug Licht haben, um ihre Hausaufgaben zu machen? Viele Menschen, die in großer Armut leben oder Leidvolles durchmachen, haben uns angesichts der ungleichen Verteilung von Reichtümern ihre Wut zum Ausdruck gebracht. Was antworten Sie ihnen?

Sie haben tausendmal recht! Die große soziale Sünde der Welt ist die ungleiche Verteilung des Reichtums. Bei der Internationalen Arbeitskonferenz habe ich vor Kurzem eine vierzigminütige Ansprache gehalten, die im Fernsehen ausgestrahlt wurde. Mit Blick auf die Reichen habe ich Folgendes gesagt: „Das Recht auf Privateigentum ist ein sekundäres Recht, das sich aus dem Recht auf die allgemeine Verteilung der Güter ableitet." Viele waren daraufhin schockiert: „Wie kann er so etwas sagen?"

Meine Antwort ist eindeutig, sehr eindeutig. Paul VI. hat es gesagt, Johannes Paul II. hat es gesagt, Benedikt XVI. hat es gesagt, und ich sage es ebenfalls: Es ist nichts anderes als ein Bestandteil der Sozialdoktrin der Kirche. Soziale Ungerechtigkeit wird offenbar, wenn der Reichtum ein Stadium erreicht, in dem keine allgemeine Verteilung der Güter mehr erfolgt. Dann bekommt das Privateigentum die Oberhand. Doch dieses ist kein primäres Recht, sondern es leitet sich aus dem Recht ab, von der allgemeinen Verteilung der Güter zu profitieren. Und ich bin der Meinung, dass dies in Harmonie mit den anderen geschehen muss. Sonst ist alles wertlos. Das ist der entscheidende Punkt.

Heutzutage sind große Volksmassen – das Wort macht es deutlich, auch wenn ich es nicht gern benutze – vom Wohlstand ausgeschlossen. Sie haben weder Wasser noch elektrisches Licht. Und in dieser Zeit der Pandemie sagt man den

Menschen: „Wascht euch mit Wasser und Seife!" – Wie sollen die Armen das tun, da sie weder Wasser noch Seife zur Verfügung haben? Meine persönliche Meinung ist die: Die gesellschaftliche Lösung kann aktuell nur aus der Volksbewegung selbst kommen. Die am Rande der Gesellschaft lebenden Massen müssen sich organisieren und beginnen, neue Forderungen laut werden zu lassen und neue Arbeitsformen zu erfinden.

Doch natürlich habt ihr recht: Die Realität ist, wie sie ist: eine Realität der Armut und Ungerechtigkeit, die zum Himmel schreit. Diese Realität ist eine Sünde, eine sehr schwere Sünde.

5.
„Hoffnung ist ein Geschenk“

Sourosh aus Teheran, Iran

Ich bin nicht getauft, weil ich im Iran lebe und es mir hier nicht möglich ist, mich taufen zu lassen. Sehen Sie mich dennoch als Christen an? Ich bete regelmäßig, lese fast täglich in der Bibel und bete den Rosenkranz. Aber ich kann nicht zur Kirche gehen und an der Sonntagsmesse teilnehmen. Was raten Sie mir, wie ich meinen Glauben weiter vertiefen kann?

In einem Land wie dem deinen, in dem eine sehr spezielle politische wie religiöse Situation herrscht, sind deine Probleme absolut verständlich. Du sagst, dass du nicht getauft bist, aber dennoch Christ sein möchtest. Und meine Antwort lautet: „Dann bist du getauft." Denn es gibt die Taufe, die durch den Ritus mit dem Wasser vollzogen wird, aber es gibt auch die Taufe auf Verlangen und durch das Blut. Wer nicht getauft ist, aber für seinen Glauben sein Leben lässt, der stirbt als Christ. Was die Taufe auf Verlangen betrifft, würde ich es so formulieren: Wenn du Christ sein willst, dann bist du bereits Christ. Du bist es auch ohne das Sakrament. Es gibt so viele Menschen, die sich gern taufen lassen möchten, aber nicht die Möglichkeit dazu haben …, denn in einigen Ländern wird die Bekehrung zum Christentum mit dem Tod bestraft.

Pierre

Wir haben viele solcher Fragen von Iranern bekommen, die sich dem christlichen Glauben nahe fühlen. In diesem Land gibt es eine sehr große Erwartungshaltung im Hinblick auf das Christentum.

Simon aus Nantes, Frankreich

Ich bin kein Christ, zumindest bin ich mir noch nicht sicher. Wenn ich die Evangelien lese, wird mir bewusst, dass Jesus sich mit Jüngern umgab, die viel falsch gemacht haben. Ist es nicht utopisch zu meinen, wir könnten wirklich an ihn glauben, wo doch seine eigenen Jünger während seines Lebens nicht an seine Botschaft glaubten?

Sie glaubten auf ihre Weise, so wie es ihnen möglich war. Ihr Glaube war unvollkommen, so wie auch unserer schwach und unvollkommen ist. Aber man muss irgendwo anfangen. Manchmal glaubt man einfach aus eigenem Interesse. Selbst einige der Apostel fielen in diese Kategorie. Denkt nur an Jakobus und Johannes, die Jesus baten, die wichtigsten Positionen, einer zu seiner Linken und einer zu seiner Rechten, in seinem künftigen Königreich einnehmen zu dürfen. Glaube und Interesse sind oft miteinander verwoben – so war es bei den Aposteln, und so verhält es sich noch heute für viele Priester, Bischöfe und Gläubige. Unser Weg zu Gott ist mit Fehlern gepflastert. Doch entscheidend ist, dass wir mit ihm unterwegs sind und weiter vorankommen, indem wir ihn um Vergebung bitten und unsere Sünden bekennen.

Ein Armer aus Krakau, Polen

Wo können wir Hoffnung finden?

Hoffnung ist ein Geschenk, eine Gabe. Und wir müssen uns diesem Geschenk öffnen: durch Gebet, Arbeit und durch das, was wir den anderen geben. Charles Péguy sagte: „Die kleinste, bescheidenste Tugend ist die Hoffnung.“[h] Denn sie wird ihr Ende finden. Und Paulus sagte, von den drei Tugenden Glaube, Hoffnung und Liebe bleibe nur die Liebe auf ewig bestehen.

Hoffnung ist die kleine, bescheidene Tugend des täglichen Lebens. Sie wird uns geschenkt, und auf sie müssen wir achtgeben. Ja, wir müssen aufpassen, wirklich auf diese Hoffnung aufpassen. Ich glaube, wir sollten uns darum bemühen, den Reichtum dieser bescheidenen, kleinen Tugend zu begreifen und von ihr zu zehren.

Elane aus Salvador de Bahía, Brasilien

Heiliger Vater, welche Bedeutung hat das Gebet für uns?

Für mich steht das Gebet im Zentrum von allem. Mit anderen Worten: Ohne Gebet gelingt es mir nicht, gut zu leben. Denn bete ich und überlasse mich der Hand Gottes – in der Stille, im Hören auf ihn –, dann sortieren sich die Dinge. Insofern bringt Gebet Harmonie in mein Leben.

Bete ich nicht – so etwas kann leider auch dem Papst passieren, dass er in Krisen gerät, in denen das Gebet nicht mehr seine oberste Priorität ist, zum Beispiel wenn ich sehr beschäftigt bin und viel Arbeit habe –, dann scheint das Leben vielleicht zunächst einfacher zu sein, aber es bringt weniger Frucht hervor. Weder in mir noch um mich herum. Und dann trockne ich ganz allmählich aus. Aus diesem Grund bemühe ich mich darum, regelmäßig Zeit fürs Beten zu finden. Denn angesichts all der Arbeit, die ich zu bewältigen habe, finde ich häufig eine Entschuldigung dafür, nicht zu beten. Doch Beten ist das Allerwichtigste, was ich als Priester und Papst zu tun habe. Es ist viel wichtiger als all die Arbeit. Anders gesagt: Bete ich nicht, läuft es nicht.

Patrice-Laurent aus Port-au-Prince, Haiti

Spricht Gott zu Ihnen? Und wenn ja, was sagt er?

Gott spricht. In welcher Sprache? Auf Französisch, Spanisch, Italienisch? Das weiß ich nicht … Der Herr berührt unser Herz und spricht zu unserem Herzen. Das ist meine Erfahrung. Wenn ich mit Gott rede und ihn bitte, mir in einer Sache Klarheit zu schenken, dann ist es zunächst still – und plötzlich kommt mir eine Idee.

Gott spricht eine ganz gewöhnliche Sprache. Er ist mir zwar nie persönlich erschienen – das habe ich nicht erlebt –, aber ich kann aus Erfahrung sagen: Bitte ich ihn um seine Führung, weist er mir früher oder später den Weg. Gott antwortet mir immer – auf seine Weise.

Christian

Hören Sie Stimmen, die aus dem Himmel, von Gott, kommen?

Nein, nein.

Pierre

Heiliger Vater, ich habe einen siebenjährigen Sohn, er heißt François. Gleich nach Ihrer Wahl zum Papst wurde er geboren. Er fragte mich neulich: „Papa, wenn ich bete, wie kann ich mir sicher sein, dass Gott zu mir spricht und ich mir das nicht einbilde?"

Beides kann vorkommen. Gott spricht auf so unterschiedliche Art und Weise zu uns: durch das Herz, den Geist oder andere Wege – aber er spricht vor allem durch den Frieden des Herzens.

Wie kann man sich sicher sein, dass eine Antwort nicht der eigenen Einbildung entspringt? Am deutlichsten zeigt sich das an ihren Auswirkungen: Wenn das, was Gott uns klarmacht, uns zum Handeln, zum Engagement bewegt, dann ist es gut! Bleiben wir hingegen passiv und legen die Hände in den Schoß, verhält es sich nicht gut! (*Lachen*) Da kommt übrigens noch einiges auf dich zu, wenn dein Sohn dir mit sieben Jahren eine solche Frage stellt.

Christian

Und was würden Sie denen sagen, die Stimmen hören?

Sie sollten mit anderen darüber sprechen und ihnen mitteilen: „Ich habe Folgendes wahrgenommen, wie denkst du darüber?" – Und wer sich damit auskennt, der sollte dabei helfen, diese Stimmen zu unterscheiden und zu prüfen, ob sie von Gott stammen oder nicht.

Julien aus Port-au-Prince, Haiti

Gibt es ein Gebet, das Sie besonders gern beten?

Das ist ganz unterschiedlich und kommt auf den Moment an. Ich bin es gewöhnt, den Rosenkranz zu beten, auch wenn ich dabei oft ein wenig abgelenkt bin. Manchmal ist es für mich hilfreich, einfach in die Gegenwart des Herrn zu kommen und dort in der Stille zu verweilen. Hin und wieder greife ich auch zur Bibel und rezitiere einen Psalm, über den ich behutsam meditiere; ein anderes Mal lese ich einen biblischen Text …

Kurzum: Mein Gebet ist abwechslungsreich, und das gefällt mir; denn beginnt man zu beten und findet Geschmack daran, wird man wie ein Kind, das ein Eis isst und dann noch eins haben will und noch eins …

Diana

Handelt es sich dabei um ein Gebet oder eher um eine Meditation?

Ab und zu ist es eine Meditation, aber ich meditiere nicht viel. Ich neige eher dazu, einfach da zu sein, zu reden, etwas zu spüren. Als ich jünger war, nahm die Meditation viel Platz in meinem Leben ein. Heute ist das anders. Jetzt lese ich die Bibel und lasse mich von ihr berühren – auf dieser Grundlage mache ich Fortschritte.

Sibylle

Worin liegt der Unterschied zwischen der Meditation, von der Sie sprechen, und der Art Meditation, die derzeit weltweit in Mode ist, wie zum Beispiel Yoga?

Es gibt viele verschiedene Formen der Meditation. Die klassischste innerhalb der christlichen Tradition ist es, einen Text zu lesen und darüber nachzudenken: Welche Botschaft will mir der Text vermitteln? Was bedeutet er? Andere Formen der Meditation kenne ich ehrlich gesagt nicht. Ich weiß, dass es sie gibt, aber sie sind mir nicht bekannt. Doch wenn man etwas liest und anschließend in der Gegenwart Gottes verweilt und die Botschaft, die man durch die Lektüre empfangen hat, im Innern fortklingen lässt, dann geschieht etwas, das man als

Kontemplation bezeichnen kann, als Dialog mit dem Herrn. Das ist dann nicht mehr nur Meditation.

Dem Körper wird beim Beten auch eine wichtige Bedeutung zuteil. Man sollte darauf achten, eine angemessene, würdevolle Körperhaltung einzunehmen. Sitzend oder kniend, auf jeden Fall respektvoll. Denn wir beten schließlich auch mit unserem Körper.

Diana

Das gilt auch für die Meditation, nicht wahr?

Heutzutage gibt es so viele unterschiedliche Meditationspraktiken. Es gibt die selbstbezogene Meditation, bei der die eigene Person im Mittelpunkt steht. Doch das entspricht nicht der traditionell christlichen Variante, so wie ich sie praktiziere: Bei ihr geht es darum, einen Text des Evangeliums zu lesen, darüber nachzudenken und dann … das Gelesene zu leben.

Rosaur aus Manila, Philippinen

Wer ist Ihr Lieblingsheiliger oder Ihre Lieblingsheilige?

Die heilige Thérèse von Lisieux.

Loïc

Sagen Sie das nur, weil einige von uns aus Frankreich kommen?

Nein, ganz und gar nicht. Kommt in mein Zimmer, und ihr werdet viele Dinge finden, die auf die kleine Thérèse hinweisen.

Ifshan aus Mexico City, Mexiko

Wie oft muss man beten, um wiederauferstehen zu können?

Der junge Mann, der diese Frage gestellt hat, könnte Muslim sein; denn Muslime beten täglich eine bestimmte Anzahl von Gebeten. Was mich betrifft, so glaube ich, dass man beten sollte, wann es einem möglich ist und wenn Gott uns dazu aufruft. Die offiziellen Gebete der Kirche finden zu folgenden Zeiten statt: morgens die Laudes, mittags ein weiteres Gebet und abends die Vesper. Das sind die „klassischen" Gebetszeiten – hauptsächlich morgens und abends und in geringerem Maße tagsüber. Aber es muss nicht immer genau so sein. Entscheidend beim Beten ist die innere Freiheit. Dass man nicht sagt: *Ich muss beten*, sondern: *Ich verlange danach zu beten.*

Jesús

Und wie soll man beten?

Nun, so gut, wie man es eben kann. Aber natürlich von ganzem Herzen. Denn beten bedeutet, mit Gott zu reden, also mit seinem Vater. Man betet, so wie es einem möglich ist, so wie es einem in den Sinn kommt. Gott versteht alle Sprachen – die Sprachen des Herzens ebenso wie die des Geistes.

Ricardo

Also so, wie es aus unserem Herzen kommt?

Ja, wobei wir nicht vergessen dürfen, dass es auch träge Herzen gibt. Solche Herzen haben nie das Bedürfnis zu beten.

Wenn das Herz anfängt zu sprechen, muss man sich schon etwas Mühe geben.

Yasin aus Teheran, Iran

Welchen Sinn hat Gebet? Wenn Gott doch die Zukunft kennt und das Nötige tut, damit uns Gutes widerfährt, warum sollte man dann noch beten?

Gott kennt uns. Er weiß, was wir brauchen, nur wir, wir brauchen Gott. Das Gebet ist ein Ausdruck unserer Bedürftigkeit. Wir sind gewissermaßen Bettler. Lernen wir es nicht, solche zu sein, dann bleiben wir wie verwöhnte Kinder, die Spielsachen und andere schöne Geschenke bekommen, ohne sie wertzuschätzen.

Gott weiß alles, aber er ist ein Vater; und er möchte – wie jeder gute Vater –, dass wir gut mit dem umgehen, was er uns anvertraut. Ein Kind aber, das nie seinen Vater um etwas bittet – weil es weiß, dass er ihm alles gibt, ohne dass es darum bitten muss –, zeigt kein gesundes Verhalten. Und sein Vater ist nicht glücklich, weil ihm das Gespräch mit seinem Kind fehlt.

Der Austausch zwischen Vater und Kind beginnt mit einer einfachen Bitte. Und das Gespräch, das wir mit unserem himmlischen Vater führen, setzt sich dann fort, indem wir ihm sagen, wie es uns geht, und mit ihm bereden, was wir erleben … Gebet ist also nicht nur eine Bitte, sondern vielmehr ein Gespräch mit dem himmlischen Vater. Ein Gespräch über die Liebe, die er uns schenkt, und über die Liebe, die wir ihm schenken oder eben nicht.

Ein Gebet kann manchmal auch wie das des verlorenen Sohnes klingen: *„Vater, ich habe mich gegen den Himmel und* *gegen dich versündigt ...*"[i] – Wenn wir so mit unseren Sünden zu Gott kommen, um ihn um Vergebung zu bitten, dann passiert es manchmal, dass er schon seine Hand auf unsere Lippen legt, noch bevor wir überhaupt zu Ende sprechen können. Dieses Bild beschreibt am besten die Schönheit, die im Gebet zu finden ist. Sie ist in dieser Art und Weise im Gleichnis vom verlorenen Sohn[8] erkennbar für uns beschrieben: Wir machen uns auf den Weg zum Vater, wir bereiten eine Rede vor, die wir ihm präsentieren wollen, und er ... er nimmt uns in die Arme und bringt uns dadurch zum Schweigen. Er drückt damit gewissermaßen aus: „Ich habe so auf dich gewartet ... Warum kommst du erst jetzt zu mir? Ich weiß doch, was du brauchst. Komm, lass uns miteinander reden ..."

Jesús

Sie sind doch auch ein Vater, nicht wahr?

Ich bin es sicherlich mehr als einmal gewesen – zumindest hat man mir dieses Gefühl vermittelt ... (*Lachen*)

Saida aus Mossul, Irak

Welchen Platz nimmt die Heilige Jungfrau in Ihrem Leben ein?

Einen wichtigen, sehr wichtigen Platz. Mein erstes Buch, das in meiner Amtszeit als Papst publiziert wurde, gibt ein Interview wieder, um das man mich gebeten hatte. Ich erzähle da-

8 Siehe Lukas 15,11–32

rin, was ich in meinem Herzen trage. Das Buch heißt „Ave Maria. Die Mutter Gottes und ihr Geheimnis“ [9].

Ich spreche mit Maria wie ein Sohn mit seiner Mutter. Ich bitte sie, Tausende Dinge an Jesus weiterzugeben. Ja, die Heilige Jungfrau bedeutet mir sehr viel.

Sibylle

Sie kann auch Knoten lösen, nicht wahr?

Kennt ihr die Geschichte? Die Geschichte, wie das Gemälde „Maria Knotenlöserin“ entstanden ist? Es ist die Geschichte eines bayerischen Malers um 1700, in der Spätphase des Barocks. Dieser Maler war praktizierender Katholik, seine Frau ebenfalls. Doch die beiden stritten sich oft. Da der Maler sehr fromm war, bat er die Heilige Jungfrau häufig um Gnade.

Eines Tages dann beim Lesen – er las sehr regelmäßig und viel – fiel sein Blick auf den folgenden Satz: „Der Knoten des Ungehorsams der Eva wurde durch den Gehorsam Marias gelöst; denn was die Jungfrau Eva durch ihren Unglauben angebunden hatte, das löste die Jungfrau Maria durch ihren Glauben.“

Dieser Satz stammte von Irenäus von Lyon aus dem Jahr 230 n. Chr. und inspirierte den Maler. Er sagte sich: Ich werde ein Bild von Maria malen, wie sie Knoten löst. Gleichsam bat er Maria um die Gnade, den Knoten seiner Streitereien mit seiner Frau zu lösen. Aus diesem Grund sieht man unten auf dem Bild den Erzengel Raphael, wie er Tobias zu seiner künf-

---

9 Papst Franziskus: „Ave Maria. Die Mutter Gottes und ihr Geheimnis“, Herder, Freiburg 2019. Originaltitel: „*Es mi madre*“, wörtlich: Sie ist meine Mutter.

tigen Ehefrau führt.[10] Gut dokumentierten Berichten zufolge erwies die Heilige Jungfrau dem Maler die erbetene Gnade, denn er malte das Bild zu Ende, und die Beziehung zu seiner Frau änderte sich von Grund auf. So viel zu dieser Geschichte.

Loïc

Ah! Ich werde von diesem Bild ein Foto machen – für meine Frau!

Dieser Satz von Irenäus – *Der Knoten des Ungehorsams der Eva wurde durch den Gehorsam Marias gelöst* – wurde auch vom Zweiten Vatikanischen Konzil zitiert in der Enzyklika *Lumen gentium*, wenn dort von der Aufgabe der seligen Jungfrau die Rede ist.

Gunja aus Delhi, Indien

Wissen Sie, da Sie mit dem Herrn sprechen, wann Sie sterben werden oder wann ich sterben werde?

Manchmal, wenn wir uns körperlich schwach und angegriffen fühlen, entwickeln wir eine Ahnung vom Tod. Das ist merkwürdig, denn Tiere besitzen diese Intuition ebenfalls. Wenn sie spüren, dass ihr Ende nahe ist, verstecken sich einige, um im Verborgenen zu sterben. Unser Instinkt dafür ist weit weniger entwickelt, bei uns ist der Geist stärker ausgeprägt. Doch der Herr gibt uns manchmal Zeichen. Ich zum Beispiel befinde mich in der letzten Lebensphase, da kriegt das Leben einfach einen anderen Rhythmus.

---

10 Vgl. Tobit 3,17

Jesús

Ist es wirklich so anders?

Nein, nur die Lebensmelodie ist eine andere. Von ihr höre ich jetzt: Du bist 84 Jahre alt, bald 85. Das klingt wie ein Jubeln. (*Lachen*) Und jetzt geht es darum, dieses Jubellied zu leben. Aber all das passiert unbewusst. Der Rhythmus ändert sich einfach, ohne dass man es richtig merkt. In meinem Alter käme ich beispielsweise nicht mehr auf die Idee, Fußball zu spielen, einfach weil mein Körper das nicht durchhalten würde. Mit der Psyche verhält es sich ähnlich. Meine Seele weiß, dass ich mich auf der Zielgerade befinde. Und das Wissen darum füllt auch mein Gebetsleben.

Christian

Heiliger Vater, kann es sein, dass Satan sich eines Tages zum katholischen Glauben bekehrt und das Böse für immer aufhört? Viele Menschen, die in einer prekären Situation leben, die unter ihr leiden und seelisch verstört sind, denken über die Frage des Bösen nach. Was kann man ihnen angesichts ihrer Ängste sagen? Und wie lässt sich ein seelischer von einem geistlichen Kampf unterscheiden?

Das sind Dinge, die im Okkultismus beheimatet sind. Hinter dieser Frage steckt eine kulturelle Erfahrung, der Voodoo-Kult, der dem Christentum nicht unbekannt ist. Er herrscht in einigen Ländern vor – dort gehen viele Katholiken in die Messe und zur Beichte und suchen anschließend eine Hexe auf. Wie nennt man das noch gleich? Sie gehen zu Wahrsagern, sie lassen sich aus den Händen lesen.

Jesús

Das gibt es aber auch in Europa. Viele Christen besuchen die Messe und lassen sich aus den Händen lesen. Man braucht da gar nicht außerhalb von Europa zu suchen …

Du hast recht, aber es gibt Orte, wo diese Dinge in größerem Umfang stattfinden und mehr Macht besitzen, zum Beispiel in Haiti. Das hängt mit dem starken afrikanischen Einfluss zusammen, der solche Phänomene wie den Voodoo-Kult begünstigt.

Um auf die Frage zurückzukommen, ob Satan sich bekehren kann … Ich habe keine Ahnung! (*Lachen*) Doch die Bosheit des Teufels ist derart ausgeprägt, dass man das bezweifeln darf. Wir sollten nicht vergessen: Diese Frage wird oft von Menschen gestellt, die sich in einer sehr schwierigen psychischen Situation befinden und darunter leiden. Für sie ist die Frage nach absoluten Wahrheiten besonders wichtig. Alles, was mit der Eschatologie zusammenhängt, ist in diesen spezifischen Kontexten von Bedeutung.

Christian

Heiliger Vater, ich habe eine andere Frage: Können Sie zwischen einer psychisch kranken Person und einer von Dämonen besessenen Person unterscheiden?

Um die Wahrheit zu sagen: Nein, das kann ich nicht. Aber es gibt Priester, die sich mit Exorzismus befassen und diese Unterscheidung vornehmen. Der Exorzist des Erzbistums von Buenos Aires, mein Beichtvater, war ein heiliger Mann kroatischen Ursprungs. Als ich ihn kennenlernte, war er schon sehr betagt. Er erzählte mir, dass ihm unter all den Fällen, die ihm die Bischöfe geschickt hatten, nur zwei mit diabolischer Besessenheit untergekommen waren. Alle anderen Personen standen vielleicht in gewisser Hinsicht unter einem Einfluss des Teufels, doch es handelte sich dabei entweder um psychische Störungen oder okkulte Zwangsvorstellungen, nicht aber um eine dämonische Besessenheit im eigentlichen Sinne.

B. aus Rangun, Myanmar

Ich habe viele Probleme. Immer wieder habe ich gebetet, der Herr möge mir helfen. Doch trotz dieser Gebete hat mir Gott meine Mutter genommen. Ich bin wütend auf ihn. Ist das eine Sünde?

Auf Gott wütend zu sein ist keine Sünde. Wie ich bereits sagte: Das ist eine Form des Gebets – wie bei einem Kind, das auf seinen Vater wütend ist. Und auch ist es, das habe ich ebenfalls bereits gesagt, eine bestimmte Art, nach seinem Vater zu verlangen. Eine Sünde ist es hingegen, Gott zu lästern. Sie ist in Italien weit verbreitet. Ich weiß nicht, wie sich das in Frankreich verhält.

Jesús

Was bedeutet, Gott zu lästern? Heißt das, ihn zu beleidigen?

Ja, es bedeutet ihn zu beleidigen mit Worten, von denen ihr in Spanien eine ganze Menge besitzt … Wenn mir beispielsweise jemand anvertraut, er habe Gott gelästert, dann frage ich ihn: „Warum tust du das?" Meist lautet die Antwort darauf: „Eigentlich richtete sich die Lästerung gar nicht gegen Gott. Das war nur ein Ausdruck, um mir etwas Luft zu machen."

Dann antworte ich: „Gotteslästerung ist eine Sünde. Benutze doch stattdessen ein anderes Schimpfwort, ich kann dir gern welche beibringen!“ (*Lachen*)

Meistens lästern die Menschen Gott aus Gewohnheit und nicht, um ihn wirklich zu beleidigen. Ihnen geht es darum, ihrem Ärger, ihrer Wut Luft zu machen und sich wieder zu beruhigen, und das ist eine gute Sache.

Nie wird sich ein Vater angegriffen fühlen, wenn sein Kind etwas sagt. Natürlich gibt es manchmal Streit zwischen Vater und Kind, vor allem während der Pubertät, doch sein Kind bleibt immer sein Kind. Nur sehr selten kommt es vor, dass ein Kind seinen Vater beleidigt. Häufiger kann es vorkommen, dass es sich auflehnt, dass es den Vater als altmodisch bezeichnet oder ihm vorwirft, es nicht zu verstehen … Eltern brauchen in dieser rebellischen Phase ihres Kindes besonders viel Weisheit. Weisheit, um die sie Gott bitten können.

Wir alle benötigen Weisheit und dürfen Gott um Gnade bitten, wenn es darum geht, unsere Brüder und Schwestern zu begleiten, die sich gegen Gott auflehnen, sofern es nicht eine gezielte Beleidigung Gottes ist, sondern – wie bereits gesagt – ein Ausdruck von Wut und Enttäuschung. Und ich wiederhole: Letzteres ist eine Form des Gebets.

Aram aus Kapan, Armenien

Was kann ich tun, um zu verhindern, dass die Begeisterung meines Glaubens an Gott abkühlt?

Gutes tun. Sich darum bemühen, anderen etwas Gutes zu tun. Und im vertrauten Gespräch mit Gott bleiben. Beten, in der Bibel lesen oder andere geistliche Aktivitäten unternehmen, die hilfreich sind. Doch das Entscheidende ist, mit Gott im Gespräch zu bleiben. Und falls er schweigen sollte, dann können wir ihn fragen: „Warum bleibst du so schweigsam?" Denn manchmal verbirgt sich Gott …

Dolly aus Aintoura, Libanon

Wird das Kreuz, das ich mit Freude auf der Erde trage, mich auch im Himmel glücklicher machen?

Das Mysterium des Kreuzes ist das Mysterium einer geöffneten Tür. Das Kreuz öffnet diese Tür, es rettet die Welt, es verändert Herzen, es bietet jedem die Möglichkeit, sein Leben neu zu gestalten, und es kann vom Schlimmsten zum Besten führen. Ich weiß nicht, ob es im Himmel verschiedene Grade der Freude gibt, ich besitze, wenn ich es so sagen darf, kein „himmlisches Thermometer". Ich kenne die Gradzahl der Freude im Himmel nicht! Aber ich glaube, dass es ein Ausdruck von Liebe ist, sein Kreuz mit Freude zu tragen. Und ich glaube, dass es sich im Himmel wie hier auf der Erde verhält: Je mehr wir lieben, desto größer ist die Freude. Und wenn du viel geliebt hast, dann wird dir dort oben die Liebe besonders stark zuteil. Andernfalls wirst du nur in dem Maße Liebe genießen können, wie du sie selbst verschenkt hast. Doch das ist ein Mysterium, das wir nicht ergründen können. Paulus sagte: *„Kein Auge hat gesehen und kein Ohr gehört, was dort oben geschieht."*[j] Nichtsdestotrotz dürfen wir an dieser Vorstellung festhalten, dass das Maß unserer Liebe das Maß unserer Freude bestimmt.

Selina aus Howrah, Indien

Heiliger Vater, unser Bischof fordert uns immer wieder dazu auf, im Frieden zu leben, aber in unserer Familie herrscht keiner. Wir sind unglücklich. Wie kann unsere Familie zu Frieden und Freude finden?

Zunächst möchte ich dich wissen lassen, dass man Frieden und Ruhe nicht miteinander verwechseln sollte. (*Lachen*) Der Friede ist eine innere Harmonie, die du manchmal mit dem Kreuz tragen musst. Doch es ist der Frieden, den du heute zu tragen aufgerufen bist. Morgen wird es sich vielleicht anders verhalten. Frieden bedeutet nicht, sich ständig zu amüsieren – *pasarlo bien*, wie man auf Spanisch sagt. Nein, Friede öffnet dir die Tür zu einer inneren Übereinstimmung, anders gesagt: zum christlichen Leben.

Um in deine Familie Freude und Frieden zu bringen, musst du aus dieser inneren Übereinstimmung heraus handeln. Du musst sie also zunächst für dich finden. Denn von diesem Punkt aus wird der Heilige Geist dir für jeden Augenblick den besten Weg zeigen, um im Frieden zu leben. Es gibt kein Rezept dafür. Wir müssen dem Geist Gottes Raum geben, er ist kontinuierlich kreativ. Er verhält sich da wie ein Poet … Wir müssen ihm diesen Raum in uns geben, von dem aus er uns den Weg des Friedens bahnt. Du siehst: Aber all das reimt sich nicht auf „Ruhe".

Pierre

Sind Sie mit diesem Satz von Mutter Teresa einverstanden: „Die Frucht der Stille ist das Gebet. Die Frucht des Gebets ist der Glaube"?

Ja, ganz und gar.

Akanksha aus Delhi, Indien

Ich glaube nicht an Gott. Sollte ich ihm gegenüberstehen, wird er mich dann als schlechten Menschen ansehen?

Sicherlich nicht. Er wird dich mit offenen Armen empfangen, und dein Staunen darüber wird ihn amüsieren! Und er wird dir sagen: „Entscheidend ist nicht, ob du geglaubt hast oder nicht, entscheidend ist, dass du jetzt bei mir bist."

Jesús

Ja, das glaube ich auch. Das Leben zu ertragen ohne den Glauben an Gott, muss furchtbar sein. Selbst mit dem Glück, glauben zu können, ist es ja nicht leicht, aber ohne …

Fabien aus Port-au-Prince, Haiti

Ich zweifle an der Existenz Gottes und Marias. Ich habe das Gefühl, dass sie uns nicht hören. Wie kann man wissen, ob sie uns sehen und hören?

Was interessiert dich am meisten? Zu wissen, dass sie dich sehen und hören, oder zu spüren, dass es wirklich so ist? Ich stelle dir diese Frage, weil du hier in Versuchung gerätst, deine Beziehung zu Gott kontrollieren zu wollen. Entscheidend ist, dass Maria und Gott dich sehen und hören. Sprich mit ihnen, geh einen Schritt des Glaubens, und eines Tages wirst du wissen, dass sie dich gesehen und gehört haben. Doch diese Überzeugung kannst du nur durch die Erfahrung gewinnen.

Taghi aus Kapan, Armenien

Wie lässt sich erreichen, dass Gott harte Herzen berührt und zu ihnen durchdringt?

Gott besitzt die Fähigkeit, in verhärtete Herzen eindringen zu können. Er ist ein Vater. Doch beim Hereinkommen zerstört er die Herzen nicht. Niemals zerstört er ein Herz.

Loïc

Befindet er sich nicht ganz natürlich in unserem Herzen?

Du hast recht, er wohnt darin, er ist dort. Wie können wir das wissen? Auch hier gilt: Nur durch die Erfahrung können wir darum wissen, nicht durch unseren Verstand. Die Wahrheit lautet also: Gott wohnt in unserem Herzen. Unser Glaube sagt uns das, aber wir müssen es erleben. Und wir können es nur erleben, wenn wir unser Herz für Gott öffnen – durch Gebet, durch Handeln, durch tätige Nächstenliebe.

Sibylle

Und durch Tränen?

Das ist einer der schönsten Wege … in der Gegenwart Gottes Tränen zu vergießen. Wir haben ja bereits über die Gabe der Tränen gesprochen.

Jorge aus Salvador de Bahía, Brasilien

Warum lieben einige Menschen den Herrn und andere nicht?

Jeder Mensch ist ein Mysterium, so wie auch die Dreifaltigkeit ein Mysterium für uns ist. Jedes menschliche Herz ist anders, hat eine andere Geschichte, ein anderes Wissen, seinen Schmerz und sein Leid, seine Wünsche. All das zusammen befähigt einen Menschen, mehr oder weniger zu lieben oder eben gar nicht zu lieben …

Denkt nur an Maria von Magdala im Evangelium. Sie war eine Sünderin, und offenbar eine sehr große. Sie besaß viel Geld, denn sie salbte die Füße von Jesus mit einem kostbaren Öl. Jesus sagte zu ihr: „*Deine Sünden sind vergeben.*" Und als man ihm diese Worte vorwarf, antwortete er: „*Ich vergebe ihr viel, weil sie viel geliebt hat.*" Und die anderen, die mit ihm am Tisch waren, fragten sich, wie sie als Prostituierte Jesus lieben konnte.[11]

Ja, sie war eine Sünderin, aber sie war auf der Suche. Sie suchte eine reine, echte Liebe. Als sie Jesus traf, gab sie ihr ganzes Vermögen aus, um ihm ihre Liebe zu zeigen. Das ist wundervoll.

Jesús

War Jesus der Einzige, der das verstanden hat?

Ja. Judas fragte: „*Warum hat man nicht den Erlös den Armen gegeben?*"[12] Jesus erwiderte darauf: „*Die Armen habt ihr jederzeit bei euch*"[13], denn die Armen sind die Gegenwart der Kirche.

---

11 Siehe Lukas 7,36–49
12 Siehe Johannes 12,4–5
13 Siehe Johannes 12,8

Einige Menschen waren schockiert und protestierten: „Eine solche Frau, mit einem solchen Leben! Wie kann Jesus ihr nur vergeben?" Jesus vergab ihr, weil sie – ich wiederhole mich – trotz ihres chaotischen Lebens wahre Liebe suchte.

Diejenigen, die suchen, darf man niemals verurteilen, sondern man muss ihnen vielmehr helfen, auf diesem Weg voranzugehen und den Herrn zu finden. Jede Person ist da anders, aber sie steckt in einem Prozess; sie ist unterwegs, sie ist auf der Suche. Lasst sie uns begleiten! Wenn sie auf dem falschen Weg unterwegs ist, lasst es uns ihr sagen. Lasst uns ihr dann helfen, aber lasst sie uns nicht verurteilen! Der Einzige, der richten kann, ist der Herr selbst. Am Tage des Gerichts wird er viel zu tun haben. Doch wir sollten diesen Job nicht an seiner statt tun.

Es ist wahr: Manche Herzen sind hart, verschlossen, taub. Andere stecken bis zum Hals (*Der Papst macht eine entsprechende Geste.*) in der Sünde – wie zum Beispiel der reiche Zachäus. Er verspürte eine Unruhe in seinem Herzen. Sie ließ ihn auf einen Baum klettern, um Jesus bei seinem Einzug in Jericho zu sehen.[14] Ja, Zachäus war ein Dieb, Ausbeuter, Betrüger, Verräter – aber sein Herz, das unruhig war, suchte nach Gott. Und Zachäus fand ihn! Es ist kein Zufall, dass uns das Evangelium von ihm erzählt.

Marielle aus Manila, Philippinen

Wie kann man zur Heiligkeit gelangen?

Du erinnerst mich mit deiner Frage an diese Bücher zum Erlernen von Fremdsprachen – aus dem *Assimil*-Verlag.

14 Siehe Lukas 19,1–10

Zum Beispiel: „Wie man Französisch in dreißig Lektionen lernt". (*Lachen*) Mit einem dieser Bücher habe ich begonnen, Deutsch zu lernen, und diese Bücher haben vielen anderen eine Tür zu einer neuen Sprache geöffnet.

Wie kann man zur Heiligkeit gelangen? Nun, man muss den Willen dazu haben. Das ist von grundlegender Bedeutung. Und darauf achtgeben, dass Gott es bewirkt. Doch ein Leitfaden, wie man heilig wird, den gibt es nicht. Noch nicht. *Assimil* hat jedenfalls zu diesem Thema noch nichts veröffentlicht. (*Lachen*)

Kim Clade aus Manila, Philippinen

Stimmt es, dass wir alle einen Engel an unserer Seite haben?

Ich glaube daran. In der Tradition der Kirche hat der Schutzengel einen wichtigen Platz. Jeder von uns wird von einem Engel begleitet, so wie Tobias, als er eine Frau suchte.[15]

Loïc

Kennen Sie den Namen Ihres Schutzengels?

Nein, aber ich bete zu ihm. Es ist ein schönes Gebet, es lautet:

Engel Gottes, der mich beschützt,
eine ewige Gottesfurcht hat mich dir anbefohlen.
Hilf mir, rette mich, und trage mich ins ewige Leben.

15 Siehe Buch Tobit 3,17

Was mich betrifft, ich nenne meinen Schutzengel meinen unsichtbaren Freund.

Ja, einige Menschen nennen ihn so. Als Kind lernte ich folgendes Gebet:

Schutzengel,
mein sanfter Begleiter,
überlass mich weder der Nacht noch dem Tag,
bevor du mich nicht in die Arme von Jesus und Maria gegeben hast.

In den Savoyen, einer Region, die heute in Frankreich liegt und sich in der Nähe des italienischen Piemont befindet, lebte ein Priester, Pierre Favre. Er war der einzige Priester unter den künftigen Jesuiten, als diese noch in Paris studierten. Selbst Ignatius von Loyola war zu dieser Zeit noch kein Priester.

Favres Frömmigkeit war davon geprägt, mit seinem Engel und den Engeln der anderen zu reden. Wenn er sich darauf vorbereitete, mit jemandem zu sprechen – das alles geschah in der Zeit der protestantischen Reformation –, dann befahl er sich seinem Schutzengel an, der wiederum mit dem Engel des Gesprächspartners sprach, und so wurde die Ebene für das Gespräch vorbereitet. Ich finde das eine schöne Vorstellung.

Edgar aus Mexico City, Mexiko

Wird mein Leben sich beim Übergang in die Ewigkeit verändern?

Ja. Im Brief an die Thessalonicher, ich glaube, im ersten Brief, sagt Paulus, dass wir alle verwandelt werden.[16] Wir werden dieselben sein, aber mit einem geistlichen, nicht mehr mit einem physischen Körper.

Paulus beendet diese Passage mit dem wundervollen Satz: *„Dann werden wir immer beim Herrn sein.“*[k] – Wie genau wird das geschehen? Wann wird die Stunde des Weltendes kommen? Werden wir alle verwandelt werden? – Die große Verwandlung lautet: Wir werden beim Herrn sein.

Das Oratorium *„Der Messias“* von Georg Friedrich Händel, den ihr sicherlich kennt, hilft mir, sich diesen Gedanken vorzustellen. Nach dem berühmten *„Halleluja“*, das von der Auferstehung erzählt, singt eine ganz sanfte Sopranstimme: „Ich weiß, dass mein Erlöser lebt!“ Diese Worte, diese Musik vermitteln mir eine Vorstellung vom ewigen Leben – wie es sein wird, beim Herrn zu sein.

Und der Satz von Paulus kündigt uns an, was geschehen wird, wenn all das Chaos dieser Welt vorbei sein wird.

Diana

Und dann haben wir keinen physischen Körper mehr?

Wir werden denselben Körper haben, aber in verwandelter Form. Anders gesagt: Man braucht keine Schminke mehr! (*Lachen*)

---

16 Siehe 1. Thessalonicher 4,13–18

Dolly aus Aintoura, Libanon

Wenn Jesus heute wiederkäme, welche Themen würde er Ihrer Meinung nach ansprechen?

Die gleichen wie eh und je! Die Themen des Alltags. Jesus spricht die Dinge des täglichen Lebens an. Er ist kein Sophist. Er pflegt nicht seltsame Ideen zu verfolgen. Er spricht mit den Landwirten über die Saat und mit den Hirten über Schafe … Er spricht mit jedem so, dass er verstanden wird. Mit den Gesetzeslehrern spricht er darüber, wie sie das Gesetz anwenden und Recht sprechen sollen. Ja, Jesus würde alles ansprechen, so wie er es schon zu seiner Zeit tat.

William aus Salvador de Bahía, Brasilien

Bleibt nur noch wenig Zeit, ehe Jesus wiederkommt?

Das zu glauben, war die große Versuchung der ersten Christen. Wann wird dies geschehen? Paulus spricht im ersten Korintherbrief im 15. Kapitel von der Auferstehung: „*Wir werden nicht alle entschlafen, aber wir werden alle verwandelt werden, plötzlich, in einem Augenblick (…) werden die Toten als Unverwesliche auferweckt, wir aber werden verwandelt werden.*“[l]
Jesus selbst sagte, er werde wiederkommen: „*Denn wie der Blitz im Osten aufflammt und bis zum Westen hin leuchtet, so wird die Ankunft des Menschensohnes sein.*“[m]

Er wird wiederkommen, und ehe du darüber nachdenken kannst, werden wir alle verwandelt werden. Paulus endet im vierten Kapitel des ersten Thessalonicherbriefs mit diesem wundervollen Satz, den ich vorhin schon angeführt habe: „*Dann werden wir immer beim Herrn sein.*“[n] Dieser Satz ist ein wirklicher Trost, denn er ist der Satz der Hoffnung.

Maria Clara aus Salvador de Bahía, Brasilien

Vater, ist unser Herr schön?

Unser Herr ist überaus schön, von einer einzigartigen Schönheit. Wenn du ihn siehst, dann wirst du dich zweifellos in ihn verlieben.

Alexandre aus Lyon, Frankreich

Welchen Rat können Sie uns geben, um heute echte Zeugen Jesu zu sein?

Das Leben eines Christen soll ein Zeugnis sein. Wir sollen mit dem Evangelium in der Hand und im Herzen leben. Ich wurde einmal während des Weltjugendtages in Krakau bei einem Frühstück mit fünfzehn jungen Leuten aus allen Teilen der Welt von einem jungen Studenten gefragt: „Ich habe Freunde an der Universität, die Atheisten sind. Was soll ich ihnen sagen, damit sie an Jesus glauben?" Ich habe ihm geantwortet: „Das Letzte, was du tun solltest, ist …, etwas zu sagen. Du musst im Stil des Evangeliums leben. Zeugnis geben. Dann werden sie dich fragen: ‚Warum lebst du so?' In dem Moment kannst du ihnen dann etwas sagen und die Gründe für deinen Lebenswandel nennen."

Aus diesem Grund sind die Worte „Zeugnis" und „Zeugnis geben" so wichtig. Die Kirche wächst nicht durch Proselytismus – das Abwerben Andersgläubiger – , sondern durch Anziehungskraft und Zeugnis. Das hat Papst Benedikt XVI. gesagt. Es geht darum, mit dem Evangelium im Herzen und in der Hand zu leben.

6.
„Samen des Friedens säen“

Sneha aus Kalkutta, Indien

Warum grenzen wir die Menschen nach ihrer Religionszugehörigkeit voneinander ab?

Weil wir schlecht sind, weil wir Sektierer sind. Spaltungen gefallen uns. Wenn mir jemand sagt, jene Leute sind so und so, nun, dann respektiere ich sie! Aber es kommt vor, dass man über die anderen eher so spricht: Sie sind so und so, also halte ich mich von ihnen fern und erkläre ihnen den Krieg. Das nenne ich Sektierertum, und das ist ein Übel.

Nila aus Chennai, Indien

Helfen Sie nur den Christen oder auch allen anderen Menschen?

Jedem ist zu helfen, ohne nach dem Ausweis zu fragen oder danach, zu welcher Religion sich derjenige bekennt. Wir sind alle Brüder und Schwestern; wir müssen jedem helfen.

Ayman Boulam aus Madrid, Spanien

Ich kann nicht nachvollziehen, warum Christen mir helfen, obwohl ich Muslim bin.

Gute Christen tun genau das! Hier hat jemand gute Christen kennengelernt! Seht, so wirkt die Kraft der Verkündigung des Evangeliums. Zunächst scheint das Ganze nicht nachvollziehbar zu sein, doch tief im Herzen arbeitet es in einem. Da herrscht dann eine Unruhe, ein Suchen – vom Geist Gottes bewirkt. Das ist es, was das Evangelium von uns verlangt. Und es erleben Menschen, die sich fragen, wie es möglich ist, dass sich Christen um sie kümmern.

Dolly aus Aintoura, Libanon

Wie kann es uns gelingen, diejenigen anzunehmen, die anders sind als wir, die andere Glaubensüberzeugungen vertreten, andere Grundsätze?

Gott unterscheidet nicht zwischen den Menschen. Er akzeptiert sie alle so, wie sie sind, und er ist mit ihnen allen unterwegs. Wenn sie vom Weg abkommen, hilft er ihnen, nach und nach den Weg des Guten zu finden, ihr Herz zu bekehren, und zwar unabhängig von ihrer Religion, ihrem sozialen Status und ihrer persönlichen Situation. Gott verweigert niemanden den Zutritt aufgrund der Art, wie jemand ist. Weder aufgrund seiner sozialen Stellung noch seiner sexuellen Identität. Gott akzeptiert alle Menschen, weil er der Vater aller ist.

Cyrus aus Qom, Iran

Manche Gemeinschaften, die sich auf die Bibel stützen, lehnen Homosexuelle ab. Wie denken Sie darüber?

Die Bibel muss gut gelesen und interpretiert werden. Gott liebt jeden Mann und jede Frau unabhängig von seiner bzw. ihrer sexuellen Orientierung. Und ich habe schon mehrfach gesagt: Wer bin ich, dass ich eine Person aufgrund ihrer sexuellen Orientierung verurteile?

Vor ein paar Tagen haben wir eine Impfkampagne gegen das Coronavirus organisiert für Menschen, die auf der Straße leben, und für die Armen von Rom. Das waren drei intensive Tage. Jede Person wurde sehr respektvoll behandelt. Dann trafen zwei Busse ein, in denen sich transsexuelle Personen befanden. Einige Leute, die vor Ort waren, warnten dann den Kardinal, der sich um die Kampagne kümmerte – übrigens ein Kardinal, den ihr niemals in roten Gewändern, sondern immer mit Hose und Jacke sehen werdet –, mit den Worten: „Vorsicht! Da kommen Transsexuelle ...!“ – „Impft sie!“, rief der Kardinal sofort. Und er fügte hinzu: „Nur eine Sache noch: Fragt sie nicht, ob sie Mann oder Frau sind, um sie nicht zu kränken.“ Alle haben ihren Platz im Haus Gottes. Alle.

Jedes Mal, wenn ich mit einer solchen Situation konfrontiert werde, muss ich an Jesus denken und an seinen Willen, uns alle zu retten. Das bringt mich dazu, in jeder Person eine Schwester oder einen Bruder zu sehen – so einfach ist das.

Es irritiert mich, wenn man die Probleme der Menschen derart hervorhebt. Man tut ihnen damit unrecht, und sie leiden darunter. Wir müssen ihnen gegenüber sehr, sehr respektvoll sein, und wir müssen untereinander respektvoll sein.

Gregorio aus Laferrière, Argentinien

Was können wir für eine größere Einheit der Kirche tun?

Erst heute Morgen habe ich mich mit einigen Lutheranern getroffen. Ihr habt sie gesehen, sie haben hier gefrühstückt. Es waren auch drei Frauen darunter: die Erzbischöfin der Stadt Uppsala in Schweden, die ich sehr schätze; eine andere Frau kam aus Lateinamerika, sie spricht Spanisch, ist aber deutschen Ursprungs. Und es waren noch ein paar andere dabei, allesamt Lutheraner. Wir treffen uns häufig, um die Frage der Einheit der Kirche voranzubringen.

Aber es stimmt, dass die Kirche gespalten ist und sich unaufhörlich weiter spaltet, und zwar nicht nur in dogmatischen Fragen zwischen Protestanten, Orthodoxen usw. Auch wir Katholiken spalten uns, oft aufgrund von Kleinigkeiten, im

Allgemeinen wegen disziplinarischer Fragen: Jener feiert die Messe auf eine bestimmte Weise, ein anderer macht es anders, ein Dritter auf Lateinisch etc. Die Spaltung ist die Waffe des Teufels, und diese gespaltene Kirche ist ganz sicher nicht die, die Jesus wollte. Während des Gesprächs mit meinen lutherischen Brüdern und Schwestern heute Morgen sagte ich: „Wir sind alle Brüder und Schwestern, wir müssen vom Konflikt zur Einheit gelangen, indem wir uns auf die Umwälzung, die Krise einlassen."

Ihr könntet mir die Frage stellen: „Werden wir eines Tages alle die gleichen Dogmen vertreten? Wann wird das sein?" – Ein alter orthodoxer Theologe sagte mir einmal: „Ich kenne das Datum." Und ich fragte ihn: „Wann ist es so weit? Am Tag nach dem Jüngsten Gericht ...?"

In Wirklichkeit können wir schon heute im Gebet und in der Nächstenliebe Einheit finden. Wenn wir Gutes tun, dann ist die Einheit da, und sie nimmt immer mehr zu. Ich denke zum Beispiel an die Caritas-Bewegung in Schweden. Unsere verschiedenen Konfessionen sind dort gemeinsam aktiv – in der Nächstenliebe, aber auch und vor allem im Gebet.

Lasst uns so geeint wie möglich voranschreiten. Lassen wir die Theologen ihren Weg bahnen, es ist ein langer Weg, aber lasst uns nicht warten. Heute Morgen habe ich dreimal diesen Satz wiederholt: „Wir gelangen vom Konflikt zur Einheit, indem wir uns auf die Umwälzung – die Krise – einlassen." Ein deutscher Pastor fragte mich: „Warum heben Sie die Krise so hervor?" Und ich sagte: „Wenn man wirklich vorangeht, dann durchläuft man eine Krise." Es ist diese Krise, die Umwälzung, die den Weg öffnet, während der Konflikt bewirkt, dass man sich in sich selbst zurückzieht. Die Krise öffnet den Weg in der Art und Weise, wie der Boden eines Herzens umgepflügt wird, damit der Heilige Geist ihn durchdringen kann. Es ist der Geist Gottes, der durch seine Kreativität die Einheit der Kirche bewirken wird, denn er ist ein Poet, wie ich bereits sagte. Er wird die Harmonie herbeiführen. Wie es treffend im Lateinischen heißt: *Ipse harmonia est* (Er selbst ist die Harmonie).

Jesús

Heiliger Vater, ich glaube, Julian Carrón spricht in seinen Predigten häufig darüber. Kennen Sie *Comunione e Liberazione*[17]? Ich gehöre dieser Bewegung an. Carrón sagt ebenfalls, dass die Krise eine gute Sache ist.

Und was meinst du? Denk nur an eine schwangere Frau. Neun Monate lang befinden sich ihr Körper und ihr Geist in einer Krise, bis sie schließlich ein neues Leben hervorbringt. Eine Krise bringt Frucht hervor.

Diana

Es gibt so viele verschiedene Religionen. Wie lässt sich da eine Einheit erreichen?

Ich wiederhole: Die Einheit beginnt mit Gebet und Nächstenliebe – es gibt kein Dogma, das diese Dinge verbieten würde. Jeder glaubt daran nach seinem Vermögen, ausgehend von seiner Zugehörigkeit. Lasst uns als Brüder vorangehen. Das ist die erste Gabe, die Gott uns geschenkt hat. Er hat uns als Brüder und Schwestern geschaffen.

---

17 Die Bewegung „*Comunione e Liberazione*" entstand in den 1950er-Jahren in Mailand und ist heute in neunzig Ländern weltweit präsent. Der Priester Julian Carrón war von 2005 bis November 2021 der Präsident der Bruderschaft. Papst Franziskus hatte zu einer Erneuerung der führenden Personen der Bewegung aufgerufen.

Ist das Ihrer Meinung nach möglich?

Ja, das ist möglich. Ist es möglich, dass sich eine Schwiegermutter gut mit ihrer Schwiegertochter versteht? (*Lachen*) Das ist möglich. Jedenfalls … manchmal.

Taghi aus Yerevan, Armenien

Papa, warum gibt es den Terrorismus?

Der Terrorismus ist eine Form des weltweiten Kriegs, der – wenn ich es so ausdrücken darf – heutzutage in Mode ist. Ich glaube, dass wir mit ihm einen Dritten Weltkrieg erleben, der an verschiedenen Orten und zu unterschiedlichen Zeitpunkten aufflammt. Der Terrorismus ist eine der schlimmsten kriegerischen Unternehmungen überhaupt. Wie ihr wisst, ist die Terrororganisation Islamischer Staat (IS) im Mittleren Osten beinahe verschwunden, sie wird jedoch im Kaukasus und in Afrika zunehmend aktiv.

Der Terrorismus wird vom Hass gelenkt. Egal, was die Terroristen sagen, ihre Taten hinterlassen immer Hass und Zerstörung.

Eine Welt, in der so viel Geld für Waffen ausgegeben wird, kann nur ungesund sein. Wir sind Gefangene des Wettlaufs der Bewaffnung, und der Terrorismus ist eine Manifestation dieses Wettlaufs. Wer zahlt die Rechnung? Die Kinder, die nicht zur Schule gehen können, die nichts zu essen haben, für die es keine Krankenhäuser gibt. Die Kinder sind heute die großen Opfer der lokalen Kriege. Denken wir an die Provinz Cabo Delgado in Mosambik oder an andere Regionen und Länder Afrikas wie den Norden Nigerias oder die Republik Kongo, wo sich der Terrorismus derzeit stark ausbreitet. Der Terrorismus zerstört und hört nicht auf zu zerstören.

Mehrnaz aus London, Vereinigtes Königreich

Eure Heiligkeit, was ist Ihr Beitrag zum Frieden in der Welt? Viele Fragesteller wollten wissen, wie Sie über Krieg und Frieden denken und was zu tun ist, damit ein dauerhafter Frieden erreicht werden kann.

Das ist ganz sicher eines der Themen, die ich am häufigsten anspreche: der Frieden, die Suche nach dem Frieden, das Bemühen um ihn oder zumindest die Hilfe dazu, in kleinen Schritten diejenigen zu unterstützen, die Samen des Friedens säen – die glückseligen Friedensstifter, Pazifisten. Mein Beitrag geschieht auf diese Art und Weise.

Céline aus Lyon, Frankreich

Kann die Welt diesem Wahnsinn ein Ende bereiten? Können der Krieg und all das andere eines Tages aufhören?

Ja, es wird der Tag kommen, an dem der Wahnsinn in der Welt aufhören wird. (*Stille*) Denn die Welt von heute ist tatsächlich wahnsinnig. Die Sünde ist ein Wahnsinn. Sie ist nicht nur eine Kränkung Gottes, sondern sie verletzt auch uns selbst und alle anderen. Ich glaube, wenn Jesus wiederkommt und die Dinge in die Hand nimmt, dann wird dieser Wahnsinn aufhören. Doch solange diese Welt in ihrer jetzigen Form besteht, wird es Kriege, Zerstörung und das Werk des Bösen geben, das lässt sich nicht leugnen.

Christian

Können Sie da als Leitfigur des Friedens fungieren? Als Papst sind Sie ja die Leitfigur des Friedens Gottes, der „dem Kaiser gibt, was des Kaisers ist, und Gott, was Gottes ist".

Ich glaube, wir sind uns alle ein wenig im Klaren darüber, was unser Leben verändert und uns motiviert hat, anderen zu dienen. Wir sollten daher füreinander Leitfiguren sein. Ein christliches Leben, in dem man nicht einander die Hand reicht, kann ich mir nicht vorstellen. Zeugnis zu geben, wie ich schon mehrfach betont habe, bedeutet, ein Beispiel zu sein. Ich spreche jetzt nicht nur von mir, sondern meine jeden einzelnen. Das Schöne am Evangelium ist, dass es uns alle gewissermaßen in dasselbe Boot holt.

Christian

Die Wiederkunft Christi vorzubereiten, würde also bedeuten, die anderen darauf vorzubereiten, indem man sich für den Frieden einsetzt?

Pierre

Was Christian schon lange als Vision auf dem Herzen hat, ist, dass der Papst diese Aufgabe hat – sich für den Frieden in der Welt einzusetzen.

Christian

Ja, das stimmt. Sie können der große geistliche Führer Gottes werden, sein Sprachrohr, und die Aufgabe haben, mit den Regierungen zu arbeiten, denn jede Regierung muss ebenfalls zum Frieden beitragen und „dem Kaiser geben, was des Kaisers ist, und Gott, was Gottes ist".

Christian hat recht. Das ist die Aufgabe eines Priesters, und sie ist unser aller Aufgabe.

Diana

Eines ist jedenfalls sicher: Sofern nicht jeder selbst mit sich Frieden hat, wird es auch keinen Frieden darüber hinaus geben.

Genau aus diesem Grund ist der christliche Glaube unbedingt mit dem Zeugnis verbunden. Bin ich nur für mich selbst Christ? – Nein. Wer das glaubt, ist kein Christ. Das christliche Leben muss – Jesus sagt das selbst – ein Licht für andere sein, ein Licht, das man nicht verbergen kann.

Sibylle

Glauben Sie, dass all das, was heute auf der Erde und mit der Natur geschieht, eine Art Sintflut ist?

Ja! Aber wir selbst sind die Sintflut! Wir haben die Natur ausgebeutet, und die Folgen sind für alle heute sichtbar.

Diana

Gleicht dann unsere Zeit nicht der Epoche der Sintflut und des Turmbaus zu Babel? Wir befinden uns ja mitten in einer Krise. Jeder spricht seine eigene Sprache, und niemand blickt mehr durch.

Was du gerade gesagt hast, scheint mir sehr weise zu sein. Das Kennzeichen unserer heutigen Welt ist tatsächlich die Unfähigkeit, eine gemeinsame Sprache zu sprechen, nämlich die Sprache des menschlichen Miteinanders. Es gibt so viele Spaltungen, so viel gegenseitiges Verurteilen. Der Waffenhandel, von dem so viele Länder leben, zeugt davon …

Letzten Mittwoch beispielsweise habe ich im Rahmen meiner wöchentlichen Audienz eine Gruppe von Arbeitern aus dem Hafen von Genua gewürdigt. Sie hatten sich geweigert, eine Ladung Waffen von einem kleinen Boot auf ein großes Frachtschiff zu verladen, das Richtung Jemen auslaufen sollte. Sie hatten gesagt: „Wir weigern uns, zum Töten von Kindern beizutragen!“ Sie waren hier, um mich zu treffen, und ich sagte ihnen: „Würden alle so handeln wie ihr, dann würde sich die Welt verändern!“

Denn es ist doch so: Während internationale Konferenzen für den Frieden abgehalten werden, leben viele der teilnehmenden Länder von den Waffen, die sie produzieren.

Jesús

Sie suchen danach, wie Sie zum Frieden beitragen können, doch das ist eben die Angelegenheit der Regierungen all dieser Länder …

Johnny Lee aus Kabatan, Philippinen

Was bedeutet es, durch Liebe gerettet zu sein?

Edith Piaf sang ein wunderschönes Lied über die Liebe: *„C'est l'amour"* („Das ist Liebe"). Das Heil, das in der Liebe zu finden ist, ist die Art und Weise, wie Jesus uns rettet. Paulus sagt: *„… wie auch Christus uns geliebt und sich für uns hingegeben hat."*[o] Das bedeutet, dass Gott seinen eigenen Sohn gesandt hat, um uns zu retten. Gott ist der erste Protagonist des Heils. Er steigt persönlich in die Arena herab, um uns zum Heil zu führen. Das ist allergrößte Liebe! Es ist nicht leicht, sich von dieser Liebe lieben zu lassen, aber es ist wundervoll!

Youhana Jaani, Ort unbekannt, Iran

Heiliger Vater, Vertreter des Petrus auf Erden, ich heiße Youhana Jaani. Ich lebe in einem sehr kleinen iranischen Dorf. Könnten Sie bitte auch für den Frieden in der Welt beten und ganz besonders für den Frieden im Mittleren Osten?

Dass jemand aus einem kleinen Dorf eine solche Bitte an mich richtet, liebe ich. Vermutlich haben die Einwohner dieses Dorfes ihre Erfahrungen mit dem Krieg gemacht, schließlich grenzt der Iran an Länder, die in kriegerischer Art und Weise die ganze Region verwüsten. Die Menschen dort brauchen Frieden. Und wenn einer von ihnen um Frieden bittet, dann berührt mich das sehr. Er bittet um etwas sehr Schönes, sehr Großes. Danke, Youhana! Dein aufrichtiges Herz kommt in dieser Bitte zum Ausdruck. Ich erlaube mir, Jesus nachzuahmen und dir zu sagen: „Du bist nicht weit entfernt vom Reich Gottes."

7.

„Niemand wird zufällig geboren“

Christian aus Manila, Philippinen

Warum sind wir da?

Warum wir auf der Erde sind? Niemand wird zufällig geboren. Es gibt Männer wie Frauen, die nicht gewollt waren. Kinder, die zur Welt kamen, ohne erwünscht zu sein ... Doch was Gottes Herz angeht, so sind wir alle hier, weil er unsere Geburt zugelassen hat. Weil Gott wollte, dass wir auf die Welt kommen. Mehr kann ich dazu nicht sagen! (*Lachen*)

Lenilda aus Salvador de Bahía, Brasilien

Eure Heiligkeit, wie nehmen Sie das Verhalten der heutigen Jugend in der Welt wahr?

Die Jugend, das ist sowohl die Gegenwart als auch die Zukunft. Natürlich gibt es Stimmen, die sagen, die jungen Leute heutzutage verhielten sich unverantwortlich und alles werde immer schlimmer. Nun, lasst diese Leute sagen, was sie wollen! Die jungen Leute sind die Samenkörner der Zukunft, die neue Ressource des heutigen Lebens. Entweder akzeptieren wir sie, so wie sie sind, und begleiten sie und helfen ihnen, wo nötig, ihren Kurs zu korrigieren, oder aber wir haben keine Zukunft. Diese Jugend ist die Gegenwart auf dem Weg zur Zukunft.

Unsere Bedenken müssen darauf ausgerichtet sein, wie ich es schon vorher gesagt habe, dass wir dazu beitragen, dass sich die Jugend in der Vergangenheit verwurzelt weiß. Daher ist der Dialog zwischen den Generationen so wichtig. Die Großeltern sind die Wurzeln dieser Jugend, doch junge Leute dürfen nicht in den Wurzeln stecken bleiben, sondern müssen neue Triebe, neue Früchte hervorbringen.

Angelyn aus Butuan, Philippinen

Wie können Sie als Oberhaupt der katholischen Kirche den jungen Menschen helfen, die unter Depressionen leiden? Was können Sie unternehmen angesichts einer steigenden Zahl von Selbstmorden unter ihnen?

Zweifellos verbirgt sich hinter den Depressionen und den Selbstmorden, die unter der Jugend von heute wüten, eine tiefe Desillusion ihres Herzens. Das Gefühl, von der Gesellschaft verraten zu sein. Die Gesellschaft hat ihre Erwartungen verraten, wahrscheinlich ohne es zu wollen, doch sie schafft es nicht, den Jugendlichen das zu geben, was sie sich erhoffen, und so erlischt ihre Erwartungshaltung.

Das Phänomen, das nach meiner Meinung diese Realität am deutlichsten illustriert, ist das Mobbing oder Bullying in der Schule. Es bedeutet vielfach, dass jemand über kurz oder lang zur Zielscheibe einer ganzen Klasse wird und von jedem geschlagen, angegriffen oder verspottet wird. Diese Form der Aggressivität, diese Dysfunktion, gab es schon immer, aber sie zeigt sich heutzutage in besonders heftiger Weise. Jetzt zeigt sich da ein Instinkt der Zerstörung. Im Grunde geht es darum, sich am Schwächsten – oder an dem, der übergewichtig ist oder der von allen verachtet wird – abzureagieren, um ein Bild von sich selbst zu zerstören, das man unbewusst in sich selbst trägt. Das alles ist natürlich viel komplexer, als ich es hier vereinfacht dargestellt habe, aber ich hoffe doch, dass man mit dem Beschriebenen etwas anfangen kann.

Zwei junge Eltern aus Norditalien erzählten mir vor Kurzem, sie seien morgens aus dem Haus gegangen und hätten am Abend, als sie nach Hause gekommen seien, ihren Teenager-Sohn erhängt vor seinem Bildschirm vorgefunden. Er hatte mit einem Freund eine Challenge mit Strangulation „gespielt" und war dabei zu Tode gekommen.

Viele dieser Selbstmorde geschehen, weil diese armen jungen Leute von ihrer Sehnsucht nach Abenteuern getrieben sind. Und dabei verlieren manche den Sinn für die Schranke zwischen Leben und Tod. Manchmal ist die Selbsttötung auch das Ergebnis einer bitteren Enttäuschung oder eines Leidens, das durch soziale Aggressionen, wie im Fall des Mobbings, das ich vorhin erwähnt habe, ausgelöst wurde. Das Ganze ist ein sehr ernst zu nehmendes Problem. Man sagt, die tatsächliche Zahl der Suizide unter Jugendlichen lasse sich nicht genau beziffern. Eines ist jedoch sicher: Die Selbstmorde der jungen Menschen sind das Resultat einer tiefen Ratlosigkeit angesichts des Zustands unserer Welt.

Dori aus Phoenix, USA

Eure Heiligkeit, wann wird das alles aufhören?

Das weiß keiner von uns, meine Tochter, das weißt du ja … Entscheidend ist jedoch, nicht auf das Ende zu warten, sondern sich heute selbst in Bewegung zu setzen, damit all das zu einer Lösung findet und ein Ende nimmt. Ja, sich bewusst auf den Weg zu machen und sich nicht mitsamt der Ratlosigkeit einzuschließen.

Saskya aus Port-au-Prince, Haiti

Wie kann man mit Stress umgehen? Wie schafft man es, sich selbst zu vergeben und trotz eigener Schwierigkeiten im Glauben weiterzukommen?

Wie man Stress bewältigen kann, darauf habe ich keine Antwort. Nur ein Arzt könnte euch das sagen. (*Lachen*)

Wie können wir uns selbst vergeben? Auf diese Frage kann ich antworten: Das gehört sicherlich zu den schwierigsten, aber auch zu den schönsten Dingen, wenn es uns gelingt. Auch ich habe da meine Grenzen, denn auch ich bin ein Sünder. Doch wenn es dir zusagt und dir gefällt, dann: Bitte vergib dir selbst! Sei dabei nicht zu nachsichtig mit dir, so als ob alles Dolce Vita wäre. Aber eine gewisse Barmherzigkeit sich selbst gegenüber zu haben, ist sehr gesund.

Und wie man es schafft, trotz vieler Schwierigkeiten im Glauben weiterzukommen? Wir werden immer Schwierigkeiten haben, und es ist eben der Glaube, der uns dabei hilft, im Leben weiterzukommen: der Glaube an das Leben, der Glaube an Jesus. Es gibt mehrere Wege, sein Leben im Glauben zu leben. Entscheidend ist, dass man sein Leben nicht vergeudet, sondern es sinnvoll nutzt, um sich so auch einander in schwierigen Momenten zu unterstützen.

Arpana aus Katmandu, Nepal

Was ist Glück?

(*Der Papst singt.*) Glück bedeutet, die Harmonie zu finden zwischen dem, wer man ist, und dem, was man möchte und was einem begegnet. Auch bedeutet es, eine Harmonie zu finden in der Art und Weise, wie man Prüfungen und Schwierigkeiten überwindet. Denn selbst in den problematischsten Situationen kann man glücklich sein – auf eine gedämpfte und leise Art. Denn Glück ist spürbar da, wenn das, was man selbst will, was man fühlt, was man tut und was man denkt, sich miteinander im Einklang befindet.

Edeline aus Quezon City, Philippinen

Glauben Sie, dass ich die Möglichkeit habe, mein Leben zu ändern?

Ich glaube das nicht nur, sondern bin fest davon überzeugt! Versuche es, und du wirst sehen, dass du es kannst! Wir können alle unser Leben ändern. Dafür schenkt uns Gott seine Gnade. Wir haben an unserer Seite Freunde, Brüder und Schwestern, die uns dabei helfen, wenn wir sie darum bitten und wenn wir uns auf den Weg machen möchten. Es gibt niemanden, der sein Leben nicht ändern könnte. Das gilt natürlich nur, sofern ein Minimum an Freiheit gegeben ist. Ist man allerdings seiner Freiheit beraubt, sieht die Sache anders aus.

Diana

Manche leiden unter Süchten, die sich nicht überwinden können …

Sie haben es bislang nicht geschafft, dennoch bleibt die Möglichkeit, dass sie es eines Tages schaffen! Wie kann das geschehen? Vermutlich fehlt ihnen die Willenskraft, aber auch und vor allem die Bereitschaft, sich helfen zu lassen.

Clotilde aus Nantes, Frankreich

Wenn Sie Christen vor einer Sache warnen könnten? Welche wäre das?

Ich würde sagen: „Hütet euch vor der Mondänität!" Sie ist das schlimmste aller Gifte. Kardinal Lubac spricht auf den drei ersten Seiten seiner *„Meditation sur l'Église"* („Die Kirche – Eine Betrachtung")[p] von der spirituellen Verweltlichung als der schlimmsten Versuchung für die Kirche heutzutage – schlimmer noch als zu der Zeit der Päpste, die Konkubinen hatten. Was Kardinal Lubac sagt, ist sehr wichtig. Ich würde Christen vor der Mondänität warnen.

Jesús

Aber was bedeutet diese Verweltlichung? Den Glauben an andere Götter?

Es geht um eine Haltung, den Geist der Welt, um ein Leben nach den Kriterien dieser Welt.

Pierre

Meine Frau sagt, um im *Domus Sanctae Marthae*, wo Sie wohnen, jede Form von Mondänität zu vermeiden, müsste es dort auch ein Lazarus-Haus[18] geben.

Das ist eine gute Idee, für die ich ganz und gar offen bin.

---

18 Der Fragesteller spielt hier auf die *Association Lazare* an, die 2010 gegründet wurde und solidarische Wohngemeinschaften zwischen Obdachlosen und jungen berufstätigen Menschen betreibt.

Javiera aus La Pincoya, Huechuraba, Chile

Papst Franziskus, wenn Sie eine einzige Sache in der Welt ändern könnten, welche wäre das?

Mir kommt da etwas ganz Seltsames in den Sinn: das Wort „Mutter“ oder „Mama“. Ich würde dafür sorgen, dass jeder eine Mama hätte, dass jeder Mensch die Erfahrung machen könnte, was es heißt, eine Mama zu haben. Ich leide, wenn ich diese Kinder oder diese jungen Männer sehe – diese *guachitos*, wie sie in meiner Heimat genannt werden –, die keine Mama haben. Sie hatten zwar eine leibliche Mutter, die aber nie eine Mama für sie war. Ich leide sehr mit diesen Waisen. Ich könnte dasselbe über diejenigen sagen, die keinen Vater haben, doch ich spreche hier von der Mutter, weil ihr – wie ich glaube – eine größere symbolische Bedeutung zukommt.

Vor ein paar Tagen habe ich die Präsidentin der Europäischen Kommission, Frau von der Leyen, die selbst Mutter von sieben Kindern ist, gefragt: „Wie haben Sie es geschafft, die wirtschaftlichen Probleme zu lösen, die die Europäische Union im Zuge der Pandemie bewältigen muss? Mit all den Ausgaben, die die Länder machen mussten, die aber nicht von allen gleichermaßen übernommen wurden?“ Sie sah mich an und machte eine Geste wie beim Töpfern (*Der Papst imitiert die Geste.*) und sagte: „Ich habe getan, was Mütter eben tun.“

Diese Geste hat mich sehr berührt. Sie hat mir klargemacht, warum mir die Situation der Waisen einen solchen Schmerz bereitet, die Situation derer, die weder Vater noch Mutter haben, die von klein auf arbeiten müssen, die Kindersoldaten werden, die keine Kindheit haben … Das wäre das, was ich ändern würde: dass niemand mehr darunter leiden muss, Waise zu sein.

Pierre

Und Sie, Papst Franziskus, wenn Sie den Obdachlosen auf der Straße Fragen stellen könnten, was würden Sie fragen?

Ihr, die ihr die großen Schwierigkeiten eines Lebens auf der Straße kennt, was erwartet ihr von der Kirche? Wie kann die Kirche eurer Meinung nach besser auf die Armen eingehen?

Ihr, die ihr dann und wann Demütigung und Verlassenheit erlebt habt, sagt mir, was die Kirche und die Gesellschaft von dieser Erfahrung wissen sollten.

Nachwort

Die Tür offen halten[19]

Ich habe eine Rede geschrieben, die ich vorlesen wollte, und ihr werdet diese Rede später schriftlich bekommen. Jetzt aber möchte ich über das sprechen, was heute hier passiert ist.

Ich möchte auf das Bild von der Tür zurückkommen – die Erfahrung der geöffneten oder der geschlossenen Tür. Die Angst, dass man mir nicht die Tür öffnen wird oder dass man sie mir vor der Nase zuschlägt … Diese Erfahrung, die heute von einem von euch angesprochen wurde, ist eine Erfahrung, die jeder von uns kennt, wenn wir ehrlich zu uns selbst sind. Und ich stelle die Frage: Welche Beziehung habe ich zu dieser Tür?

Einige glauben, die Tür gehöre ihnen und sie hängen ein Vorhängeschloss daran und schließen die Tür fest zu. Andere haben Angst, an eine Tür zu klopfen. Angst davor, vielleicht nicht angenommen und hereingelassen zu werden. Wieder andere möchten eintreten, fürchten sich aber vor der Tür und versuchen, durchs Fenster hineinzukommen. Wir können uns noch alle möglichen Situationen vorstellen und uns fragen: Und ich, welche Beziehung habe ich persönlich zu dieser Tür?

Die Tür ist Gott. Welche Beziehung habe ich zu dieser Tür, zu Gott? Nehme ich Besitz von der Tür und lasse niemanden eintreten, oder habe ich Angst, an die Tür zu klopfen? Oder warte ich darauf, dass mir jemand öffnet, ohne dass ich anklopfe? Jeder von uns hat eine andere Haltung gegenüber Gott, der die Tür ist.

19 Improvisierte Ansprache von Papst Franziskus, gerichtet an die Adresse der *Association Lazare* im Saal Paul VI. am 28. August 2021

Manchmal muss man die Demut haben, an die Tür zu klopfen. Manchmal muss man den Mut aufbringen, sich nicht vor dem zu fürchten, der die Tür öffnet, denn es ist Gott.

Und wenn ich einmal eingetreten bin, dann muss ich aufrichtigen Mut zeigen und darf die Tür nicht schließen, sondern ich muss sie öffnen, damit andere eintreten können. Genau das tut die *Association Lazare*, sie öffnet Türen. Dafür möchte ich euch heute danken. Ich danke euch für dieses Zeugnis, nicht die Türen zu bewachen, Türsteher zu sein, das ist nicht eure Identität; ihr seid vielmehr Frauen und Männer, denen man eines Tages die Tür geöffnet hat und die nun ihrerseits das Bedürfnis verspüren, die Tür anderen zu öffnen.

Die Tür, das ist Gott, der sich uns öffnet, die Tür ist auch unser Herz … unser Herz ist offen und gut behütet. Es ist eine gewisse Arbeit, an all das zu denken, aber ihr seid kompetent darin. Ich danke jedem von euch für das Zeugnis, das ihr gegeben habt – Macht weiter so!

Die *Association Lazare* ist eine kleine Vereinigung, es sind wenige Personen, wenige Orte angesichts so vieler Bedürfnisse.

Doch Jesus sagte eines Tages, auch der Sauerteig sei eine kleine Sache, die jedoch die Fähigkeit besitzt, Raum zu gewinnen, sich zu vervielfältigen, genau wie ein Samenkorn, das klein ist, aber einen großen Baum hervorbringen kann. Das Schlimmste, was eurer Vereinigung passieren könnte, wäre, zu vergessen, dass sie klein ist. Denn wenn in ihrem Innern Macht, Selbstgefälligkeit, Gefallsucht entstehen – dann wird der Baum nicht wachsen und der Teig nicht aufgehen.

Der Reichtum, den ihr besitzt, befindet sich nicht auf einer Bank. Euer Reichtum besteht darin, klein zu sein – macht weiter so!

Und betet für die Kirche, unsere heilige Mutter Kirche, damit sie dazulernt, wir, Männer und Frauen der Kirche, lernen, stets die Tür zu öffnen und dem ein offenes Ohr zu leihen, der – manchmal so zaghaft – an die Tür klopft.

Vielen Dank!

Quellennachweis

VORWORT

a *https://www.vatican.va/content/francesco/de/encyclicals/documents/papa-francesco_20201003_enciclica-fratelli-tutti.html* (§43):

KAPITEL 1

b *https://lyricstranslate.com/fr/chanson-dautomne-lied-des-herbstes.html*

c Freie Übersetzung

KAPITEL 2

d Jaroslav Pelikan: The Christian Tradition, Band 1, S. 9. *https://de.wikipedia.org/wiki/Jaroslav_Pelikan*

e Vinzenz von Lérins: *Commonitorium*. Freie Übersetzung.

KAPITEL 3

f Vgl. Markus 1,40–42

g Markus 5,19

KAPITEL 5

h Freie Übersetzung

i Lukas 15,18

j 1.Korinther 2,9

k 1.Thessalonicher 4,17

l 1.Korinther 15,51–52

m Matthäus 24,25

n 1.Thessalonicher 4,17

KAPITEL 6

o Epheser 5,2

KAPITEL 7

p Cardinal Henri de Lubac: „Méditation sur l'Église Paris", Cerf, 2003. Freie Übersetzung.